Fritz Burger

Cézanne und Hodler - Einführung in die Probleme der Malerei der Gegenwart

Abbildungsband

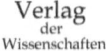

Verlag
der
Wissenschaften

Fritz Burger

Cézanne und Hodler - Einführung in die Probleme der Malerei der Gegenwart

Abbildungsband

ISBN/EAN: 9783957007438

Auflage: 1

Erscheinungsjahr: 2016

Erscheinungsort: Norderstedt, Deutschland

Hergestellt in Europa, USA, Kanada, Australien, Japan
Verlag der Wissenschaften in Hansebooks GmbH, Norderstedt

Cover: Paul Cézanne

CÉZANNE UND HODLER
ABBILDUNGSBAND

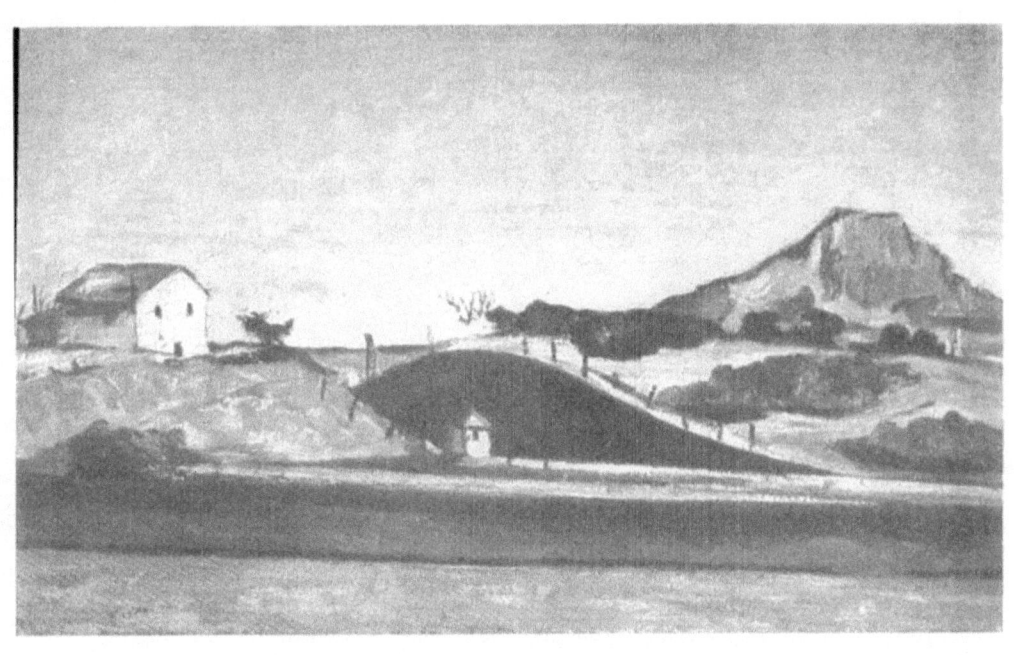

PAUL CEZANNE   BAHNDAMMDURCHBRUCH

CÉZANNE UND HODLER
EINFÜHRUNG IN DIE PROBLEME DER MALEREI DER GEGENWART
VON FRITZ BURGER

DRITTE AUFLAGE

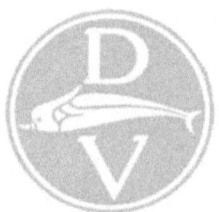

1 · 9 · 1 · 9
DELPHIN=VERLAG / MÜNCHEN

A·B·B·I·L·D·U·N·G·E·N

Altgermanisches Ornament . Abb. 158
Amiet, Cuno, Mädchen . . . . „ 145
— — Sonnenflecken . . . „ 74
Andri, F., Holzschlag . . „ 19
Bloch, Albert —, Legende . . . . „ 171
Böcklin, Arnold, Einsames Gestade „ 4
— — Felsenschlucht . „ 38
— — Flora . . . . . „ 153
— — Flora, Blumen er= weckend . . . „ 25
— — Ruine am Meer . „ 106
— — Sommertag . . „ 9
Brangwyn, Frank W., Vorstadthäuser „ 103
Braque, Georges, Frau mit Mandoline „ 136
Burljuk, D., Porträt . . . . „ 160
Campendonk, H., Die Witwe . . „ 170
Caravaggio, Der Falschspieler . . „ 76
Caspar, Karl, Johannes auf Patmos „ 114
Cézanne, Paul, Ansicht von Septenne „ 120
— — Bacchanale . . . . . „ 55
— — Badende (Männer) . . „ 51
— — Badende (Lithographie) „ 49
— — Badende (Frauen) . . „ 53
— — Badende (Frauen) . . „ 59
— — Badender in Landschaft „ 44
— — Brücke bei Puteaux . . „ 131
— — Christus und Magdalena „ 188
— — Dame mit Boa . . „ 61
— — Die Bäume . . . „ 111
— — Die Pappeln . . „ 97
— — Die Stutzuhr . . . „ 119
— — Eiche im Sturm . . „ 86

Cézanne, Paul, Entführung . . Abb. 45
— — Frühling . . . . . . „ 189
— — Haus des Gehängten . . „ 102
— — Herbst . . . „ 190
— — Kartenspieler . . . . „ 77
— — Kartenspieler . . . „ 79
— — Kopie nach Lancret . „ 186
— — Landschaft . . , . . „ 83
— — Landschaft bei Peyrières „ 107
— — Porträt des Herrn Cho= quet . . . . . . „ 71
— — Bildnis seiner Gattin . „ 72
— — Seelandschaft . . „ 100
— — Selbstporträt . . „ 67
— — Selbstporträt . . . „ 68
— — Selbstporträt . . . . „ 69
— — Schneeschmelze . . . „ 95
— — Versuchung des heiligen Antonius . . . . . . „ 185
— — Waldlichtung . . „ 109
— — Wegbiegung . . . „ 105
Chagall, Marc, Ich und das Dorf . „ 179
Corot, Camille, Baumlandschaft . . „ 16
— — Le Château de Be= aune—la—Rolande . . „ 104
— — Der steile Weg . . „ 87
— — Landschaft . . . . „ 85
— — Landschaft in Artois „ 96
Courbet, Gustave, Rehe im Versteck „ 93
— — Wasserfall . . . „ 39
Daumier, Honoré, Im Kabaret . . „ 78
Delacroix, Eugène, Urteil des Trajan „ 184

Abbildungsverzeichnis

Del Piombo, Sebastiano, Christus in der Vorhölle	Abb.	187
Delaunay, Robert, St. Séverain	„	141
— — Eiffelturm	„	140
Derain, André, Cadaqués	„	123
— — Landschaft	„	126
Diaz, Narcisse v., Waldlandschaft	„	92
Egger-Lienz, Albin, Der Totentanz von Anno 9	„	23
El Greco, Dame mit Boa	„	60
— — Die Auferstehung Christi	„	156
— — Christus am Ölberg	„	155
Erbslöh, Adolf, Landschaft	„	159
Erler, Fritz, Grauer Tag	„	12
Friesz, Othon E., Landschaft	„	128
Gärtner, Fritz, Mäher	„	29
Gauguin, Paul, Tahitanerin	„	64
— — Landschaft	„	88
— — Die Flötenspielerin	„	166
Genin, Robert, Obsternte (Lithographie)	„	116
Giotto, Taufe Christi	„	150
Groux, Henry de, Allegorie	„	42
Haider, Karl, Charon	„	165
Heemskerck, Jacoba van, Bild XIV	„	135
Heine, Th. Th., Vor Sonnenaufgang	„	5
Hiroshige, Seelandschaft	„	99
Hodler, Ferdinand, Abend	„	154
— — Auszug der Jenenser Studenten	„	32
— — Der Blick ins Unendliche	„	36
— — Der Frühling	„	26
— — Der Mäher	„	30
— — Der Tag	„	14
— — Die Einmütigen	„	37
— — Die Wahrheit	„	1
Hodler, Ferdinand, Eurhythmie	Abb.	24
— — Genferseelandschaft	„	21
— — Genferseelandschaft	„	22
— — Holzfäller	„	28
— — Rückzug der Eidgenossen bei Marignano	„	33
— — Schlacht bei Näfels	„	31
— — Selbstbildnis	„	35
— — Selbstbildnis	„	35a
— — Tell	„	34
— — Wasser und Felsen	„	40
— — Weib in Bewunderung	„	183
Hokusai, Ansicht des Fusij	„	98
— Die Station Hodogaya	„	20
Kandinsky, Wassily, Bild mit weißer Form 1913	„	180
— — Reiter	„	181
— — Improvisation: Presto	„	118
Kanoldt, Alexander, Häuserbild	„	161
Keller, Albert von, Trio	„	13
Kinderzeichnung	„	157
Kirchner, E. L., Badende	„	174
— — Blühende Bäume	„	110
— — Der Trinker	„	177
Klee, Paul, Tierbändiger	„	139
Klinger, Max, Und doch	„	43
— — An die Schönheit	„	2
Kokoschka, Oskar, Bildnis Rudolf Blümner	„	178
Kubin, Doppelgänger	„	80
Léger, Kontrast der Formen	„	138
Leistikow, Walter, Bäume auf einem Hügel	„	17
— — Buchenwald	„	94
Lessing, Carl Friedrich, Der Klosterbrand	„	89
Liebermann, Max, Bildnis einer Dame	„	113
— — Drei Waisenkinder	„	3

Abbildungsverzeichnis

Lionardo da Vinci?, Der auferstandene Christus von Heiligen verehrt	Abb. 152
Macke, August, Mädchen am Brunnen, 1914	„ 172
Manet, Edouard, Frühstück auf dem Rasen	„ 58
— — Porträt von Frau S.	„ 73
Marc, Franz, Die blauen Pferde	„ 167
— — Vögel	„ 169
— — Hirsche im Wald	„ 168
Marées, Hans von, Sechs nackte Männer vor einem Wald	„ 50
Matisse, Henry, Musik	„ 144
— — Porträt einer Dame	„ 75
— — Seinebrücke	„ 129
Michelangelo, Pietà (Rondanini)	„ 148
— Pietà (St. Peter)	„ 147
Millet, Jean François, Die Ährenleserinnen	„ 117
— — Die Eiche und das Schilfrohr	„ 84
Monet, Claude, London Bridge	„ 130
— — Waldweg im Schnee	„ 91
Mosaik, Detail aus der Sophienkirche in Kiew	„ 149
— Frühchristliches, aus Torcello	„ 173
Münzer, Adolf, Birkenwald	„ 7
Munch, Edvard, Trauermarsch	„ 11
Nolde, Emil, Die Grablegung	„ 176
Orlik, Emil, Landschaft	„ 18
Pechstein, Max, Akte im Freien	„ 175
Picasso, Pablo, L'Usine (Horta de Ebro)	„ 134
Picasso, Pablo, Studentin	Abb. 133
— — Mandolinenspielerin	„ 132
Pissarro, Camille, Landhäuser	„ 82
Poussin, Nicolas, Landschaft	„ 90
Rembrandt, Die badenden Männer	„ 48
— Zwei männliche Akte	„ 47
— Evangelist Mathäus	„ 66
— nach, Selbstbildnis	„ 62
Renoir, Auguste, Badende	„ 52
— — Blühende Bäume	„ 10
— — Porträt des Herrn Choquet	„ 70
Rodin, Auguste, Drei Schatten	„ 146
Rousseau, Henri, Malakoff	„ 164
— — Die Anlagen	„ 162
Rubens, Schiffbruch des Äneas	„ 121
— Selbstporträt	„ 65
— nach, Der fallende Wagen	„ 108
Rujsdael, J. van, Judenfriedhof	„ 101
Runge, Philipp Otto, Der Morgen	„ 15
Severini, Gino, Die Modistin	„ 137
Signac, Paul, Avignon Abends	„ 122
— — Morgen in Samois	„ 6
Stuck, Franz von, Der Krieg	„ 182
Thoma, Hans, Taunuslandschaft (Lithographie)	„ 125
Tintoretto, Himmelfahrt	„ 151
— Taufe Christi	„ 57
Tizian, Das Bacchanale	„ 54
— Opferung Isaaks	„ 27
— Taufe Christi	„ 56
Toulouse-Lautrec, H. de, Der Freund	„ 81
Trübner, Wilhelm, Mädchen im Walde	„ 8
— — Urteil des Paris	„ 46
Van Cleef, Joost, nach, Porträt eines Mannes	„ 63

Abbildungsverzeichnis

Van Eyck, Jan, Die Jungfrau mit dem Kinde in einer Kirche Abb. 142
Van Gogh, Vincent, Hütten in Anvers s. Oise „ 127
— — Straße in Arles „ 124
— — Die Schlucht . „ 41
Van Gogh, Vincent, Straße bei Arles Abb. 163
Weisgerber, Albert, Bildnis einer Dame . . . . . „ 112
— — Der heilige Sebastian „ 115
Witz, Konrad, Die heilige Familie . „ 143

TAFELN

Cézanne, Paul, Bahndammdurchbruch . . . . . Titelbild des Abbildungsbandes
— — Knabenbildnis . . . . Titelbild des Textbandes

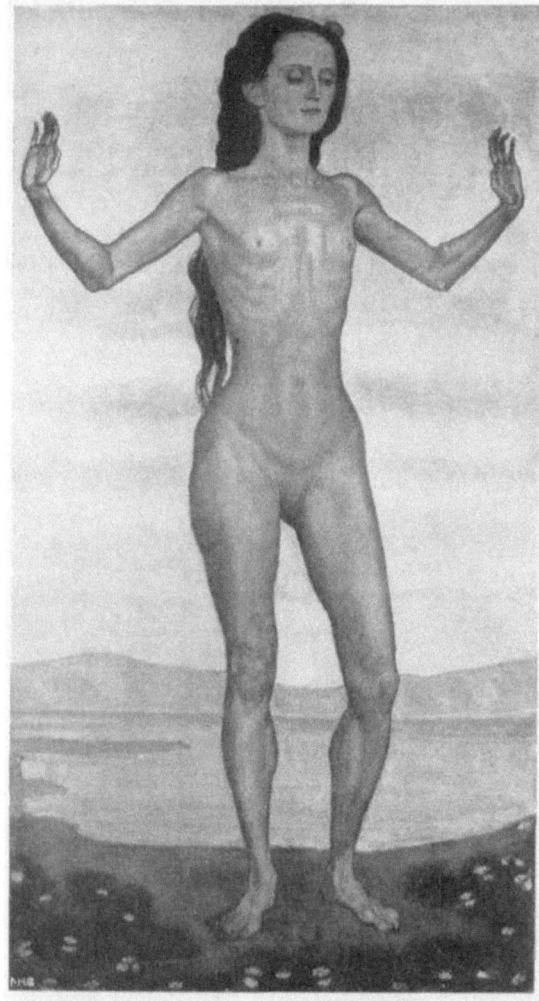

Mit Genehmigung des Verlages R. Piper & Co. München

Ferdinand Hodler   Die Wahrheit (Abb. 1)

Abb. 2

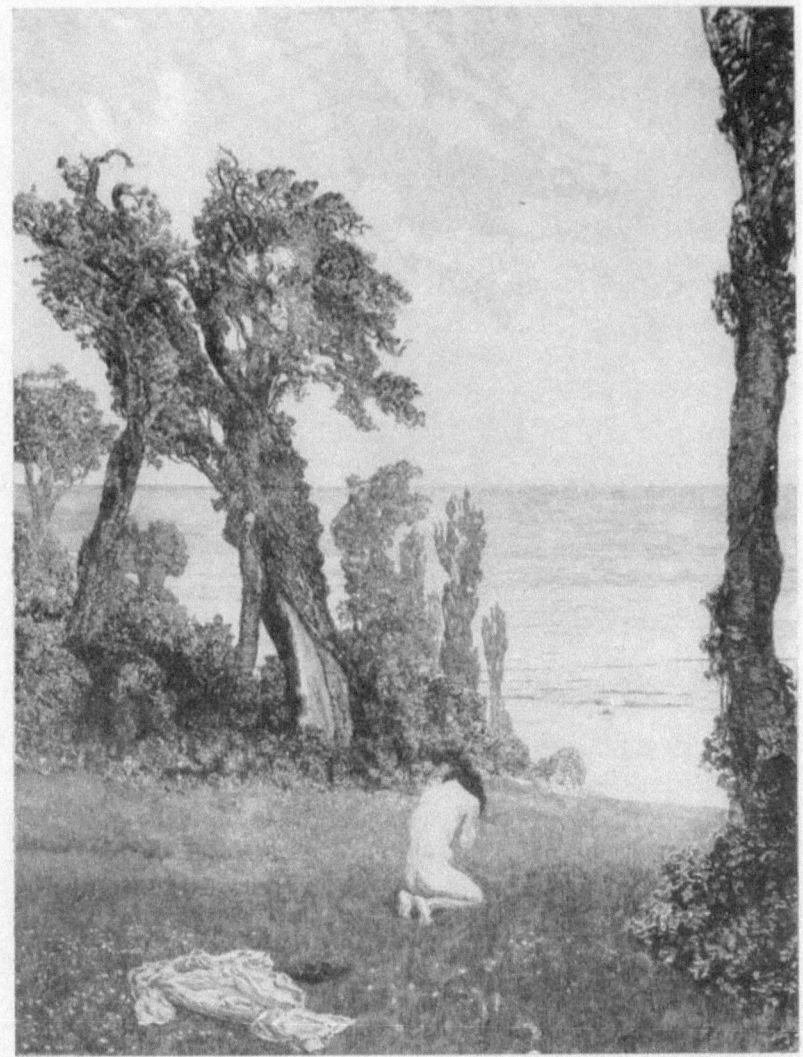

Mit Genehmigung der Verlagskunsthandlung Amsler & Ruthart, Berlin

Max Klinger　　　　　　　　　　　　　　　　　　An die Schönheit (Abb. 2)

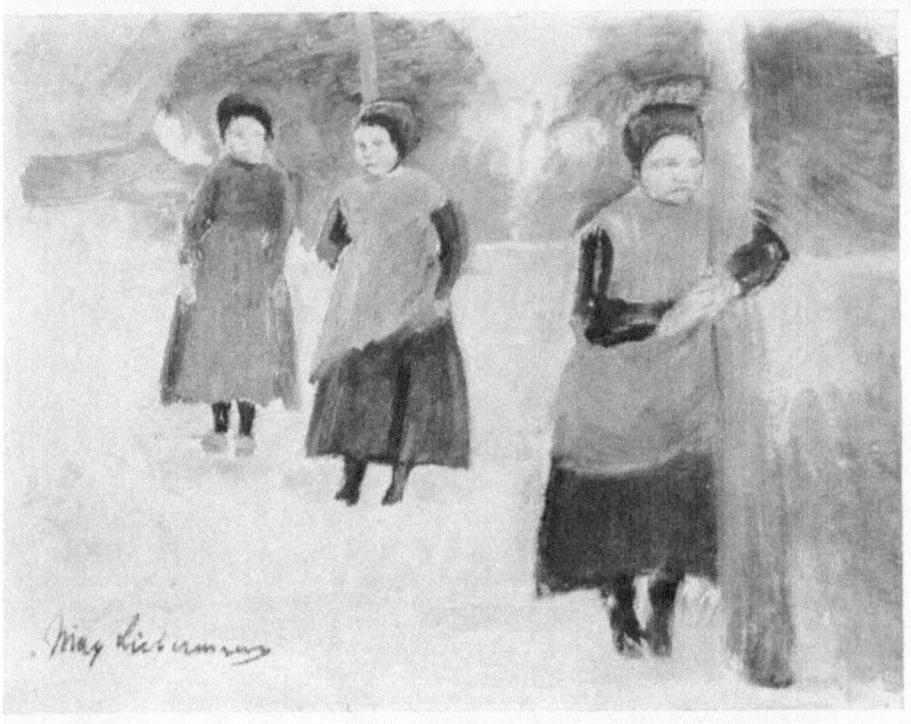

Max Liebermann — Drei Waisenkinder (Abb. 3)

Abb. 4

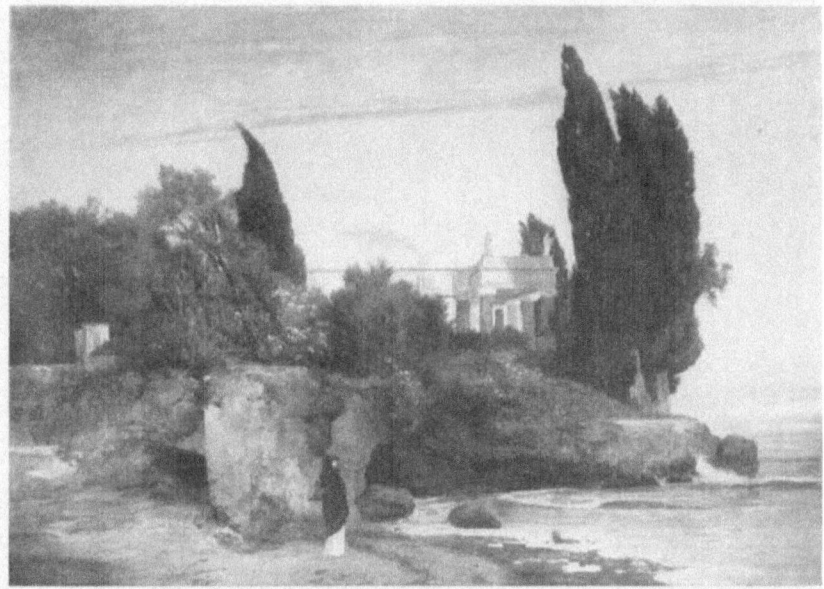

Mit Genehmigung der Photographischen Union, München

Arnold Böcklin   Einsames Gestade (Erste Fassung) (Abb. 4)

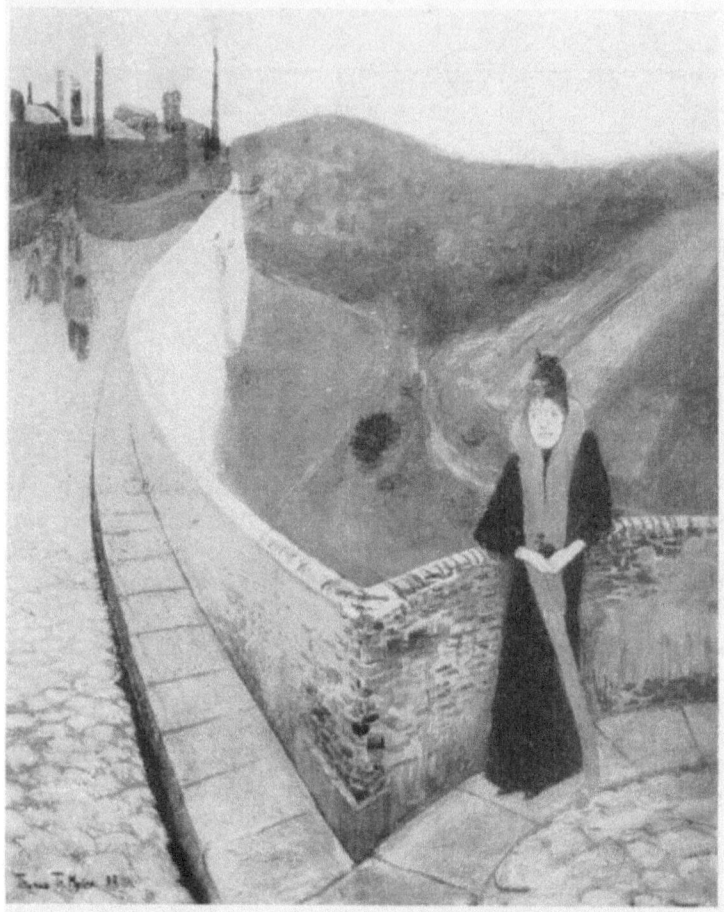

Th. Th. Heine   Vor Sonnenaufgang (Abb. 5)

Abb. 6

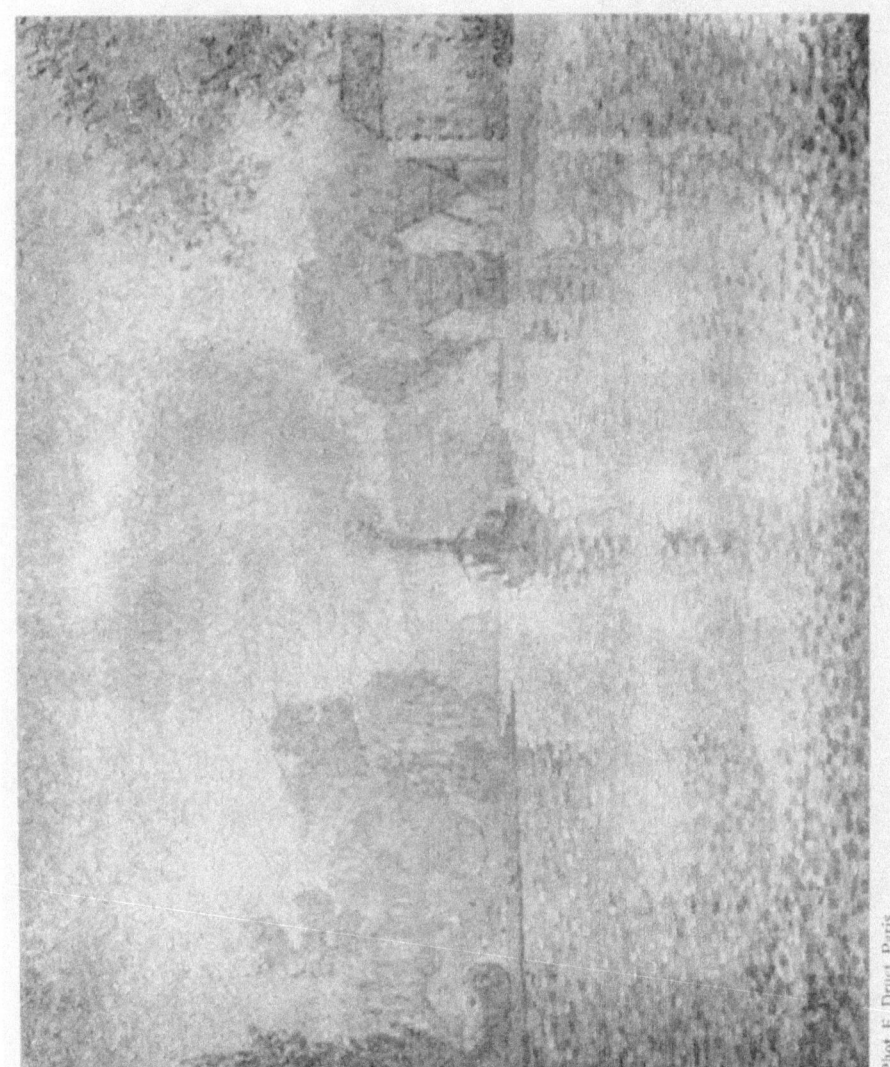

Paul Signac, Morgen in Samois (Abb. 6)
Phot. E. Druet, Paris

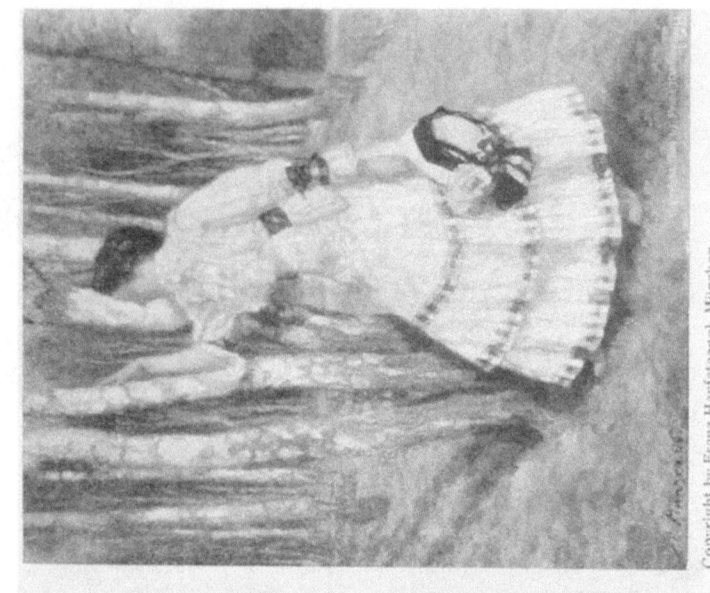

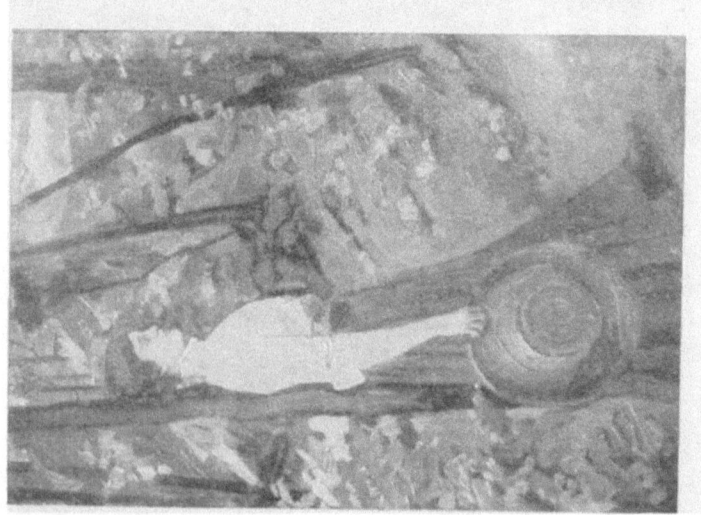

Abb. 9

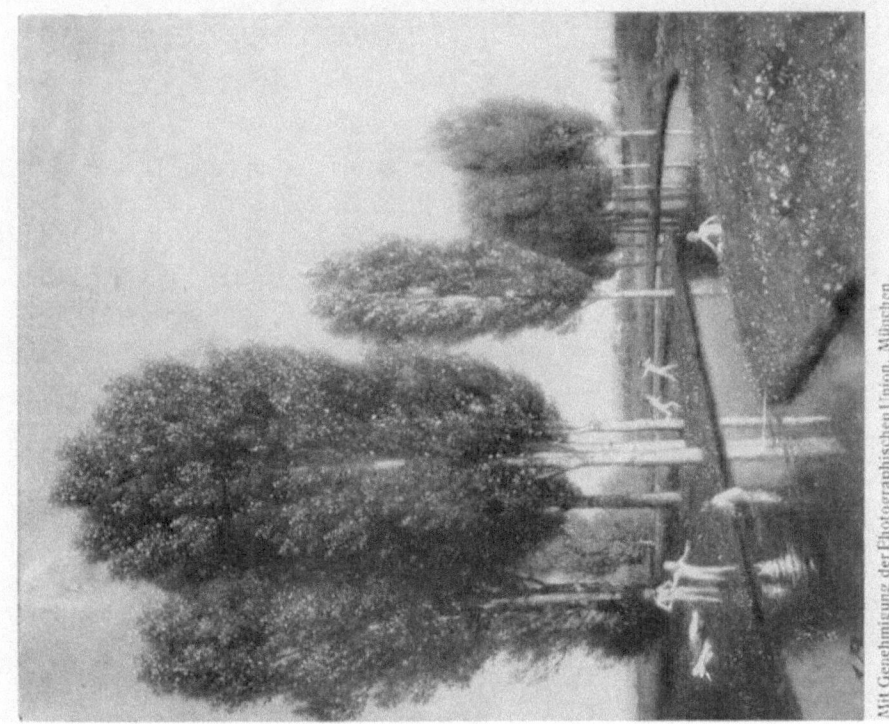

Arnold Böcklin — Sommertag (Abb. 9)
Mit Genehmigung der Photographischen Union, München

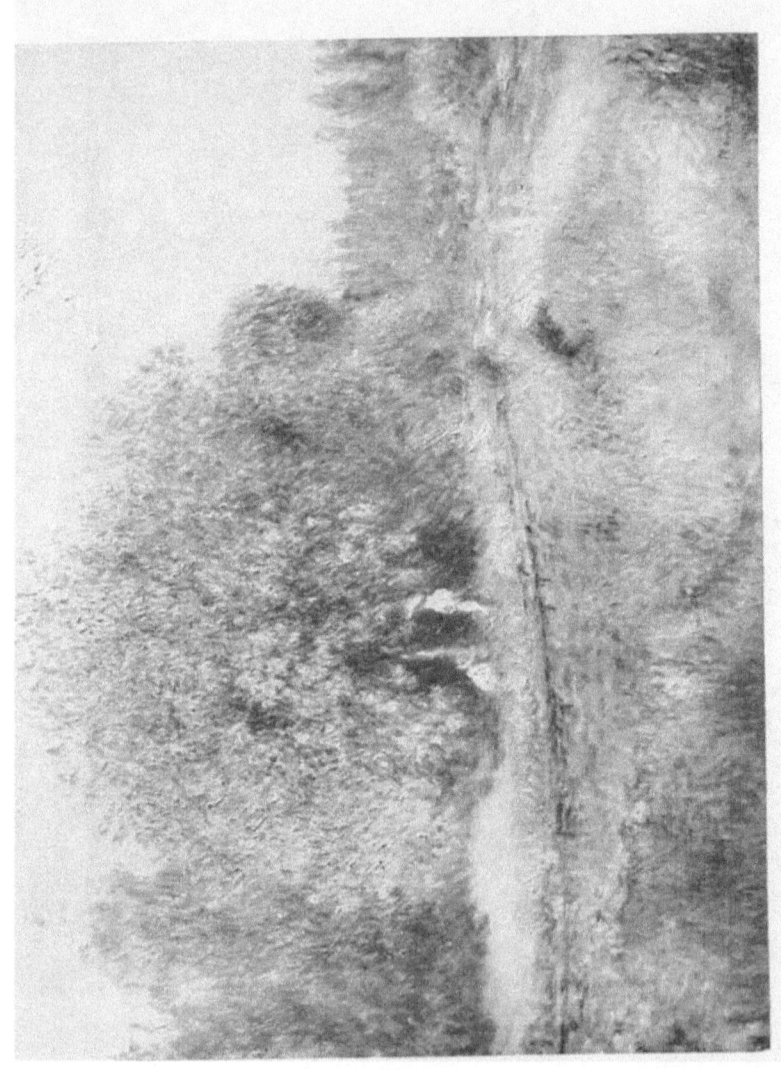

Abb. 10

Auguste Renoir, Blühende Bäume (Abb. 10)

Abb. 11

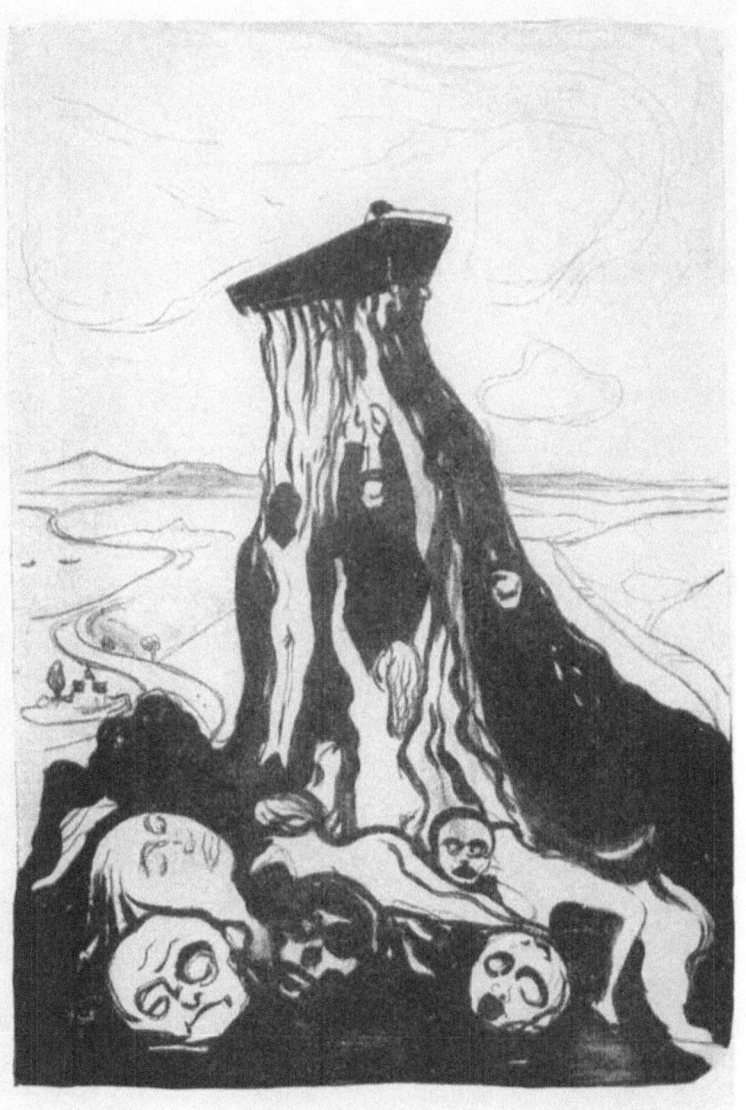

Eduard Munch						Trauermarsch (Abb. 11)

Abb. 12/13

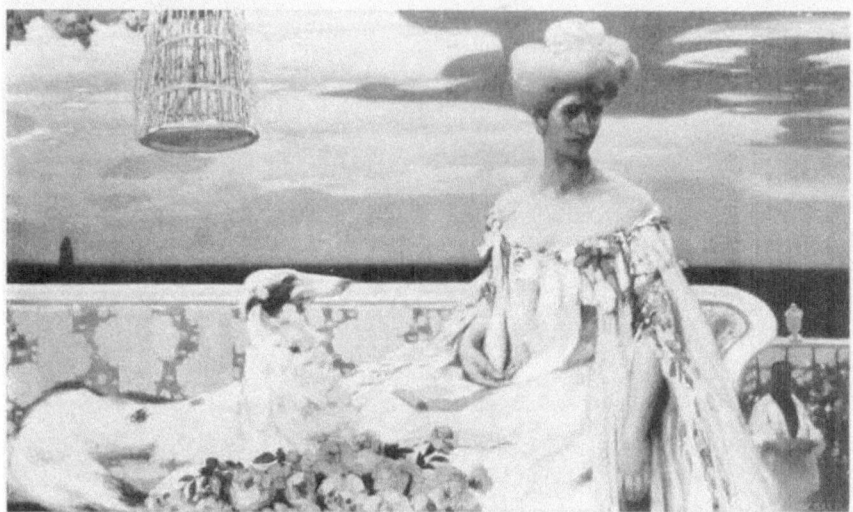

Fritz Erler　　　　　　　　　　　　　　　　　Grauer Tag (Abb. 12)

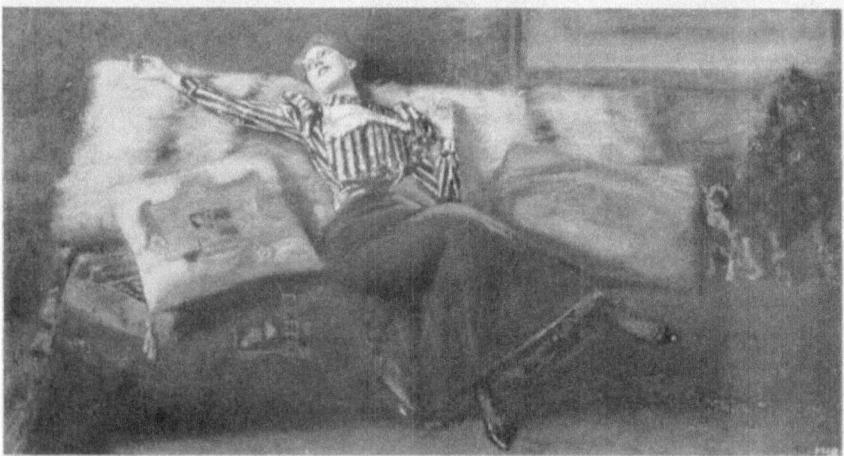

F. Bruckmann A.-G. München, phot.

Albert von Keller　　　　　　　　　　　　　　　　　Trio (Abb. 13)

Abb. 14

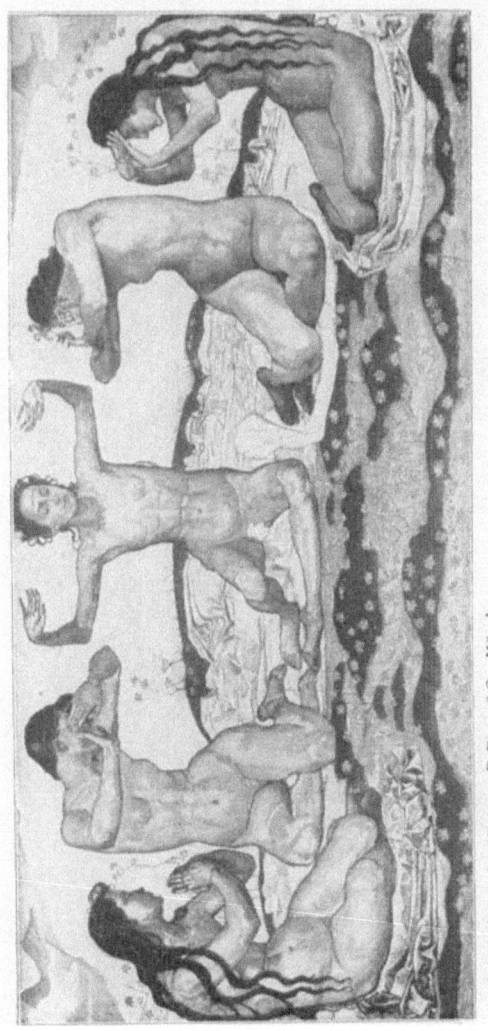

Mit Genehmigung des Verlages R. Piper & Co. München

Ferdinand Hodler   Der Tag (Abb. 14)

Abb. 15

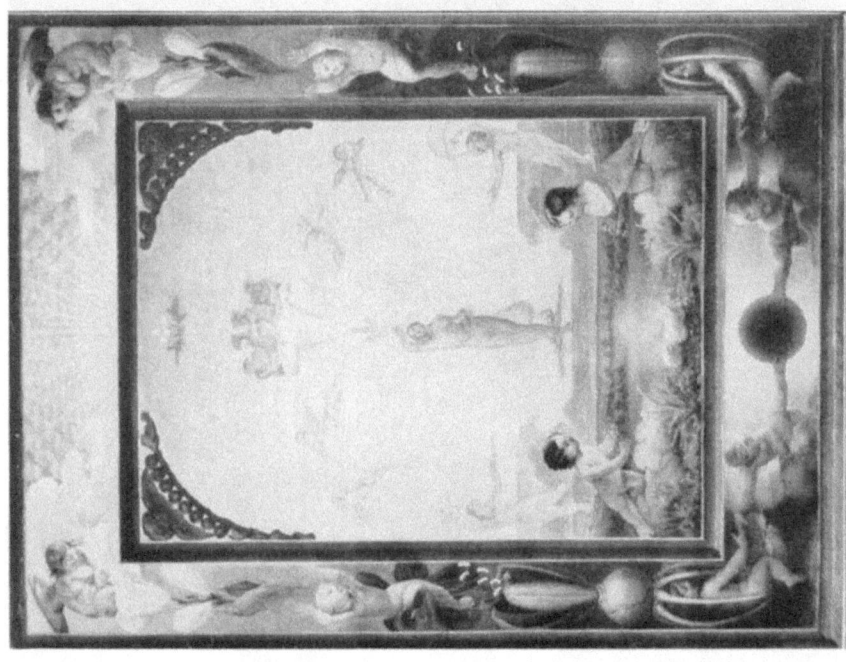

Philipp Otto Runge — Der Morgen (Abb. 15)

Abb.16/17

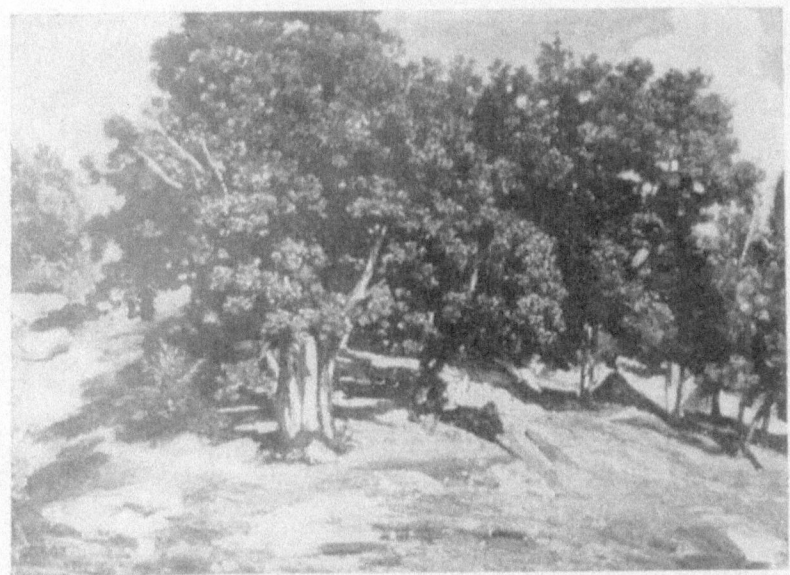

Camille Corot — Baumlandschaft (Abb. 16)

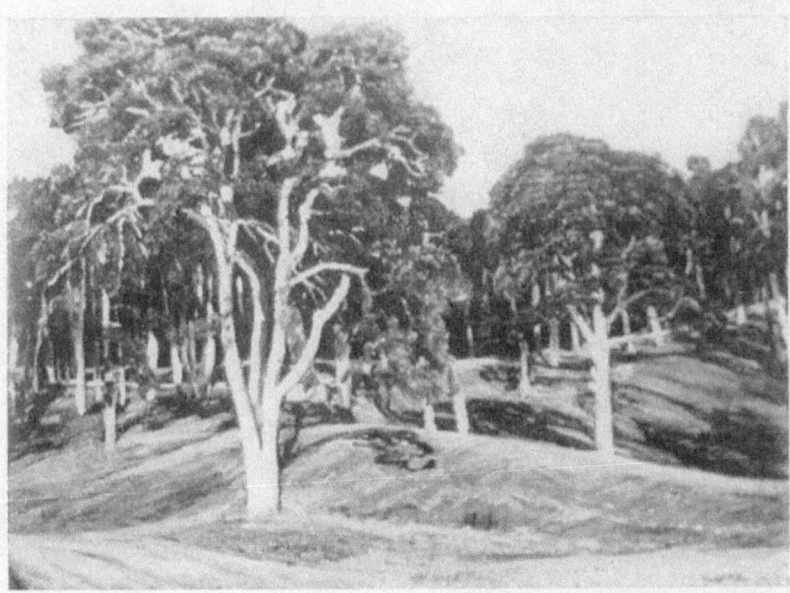

Walter Leistikow — Bäume auf einem Hügel (Abb. 17)

Abb. 18/19/20

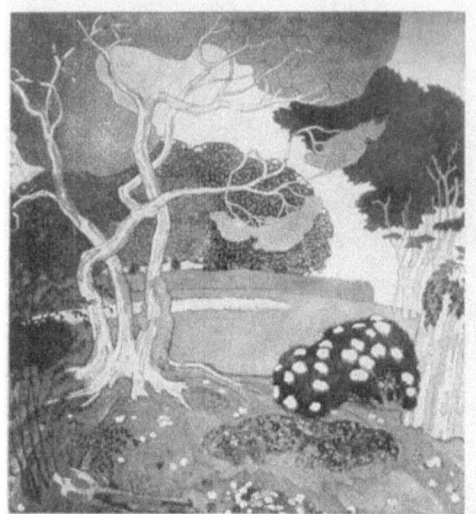

Emil Orlik Landschaft (Abb. 18)

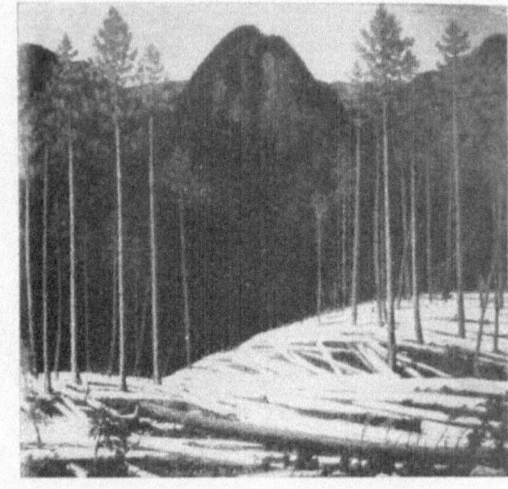

Andri Holzschlag (Abb. 19)

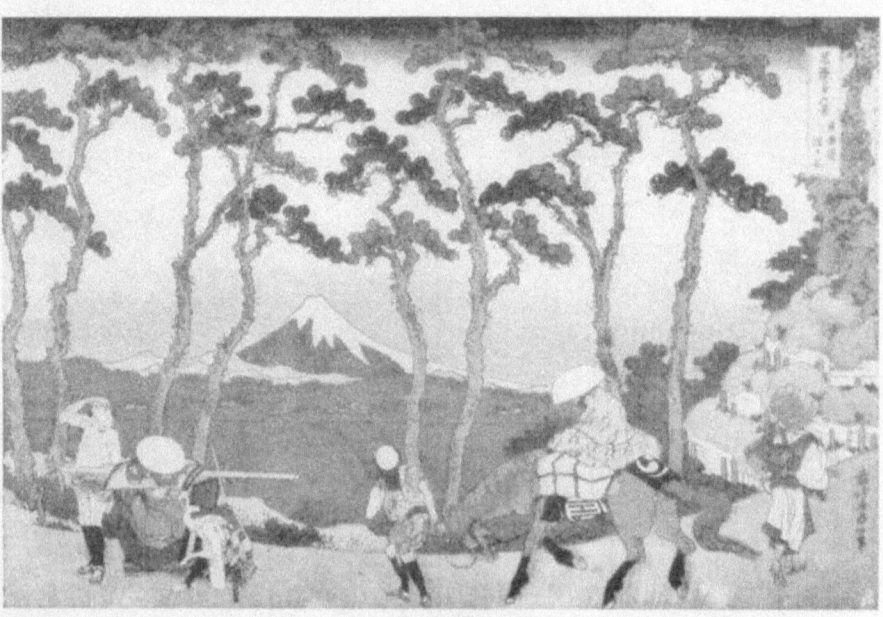

Hokusai Die Station Hodogaya (Abb. 20)

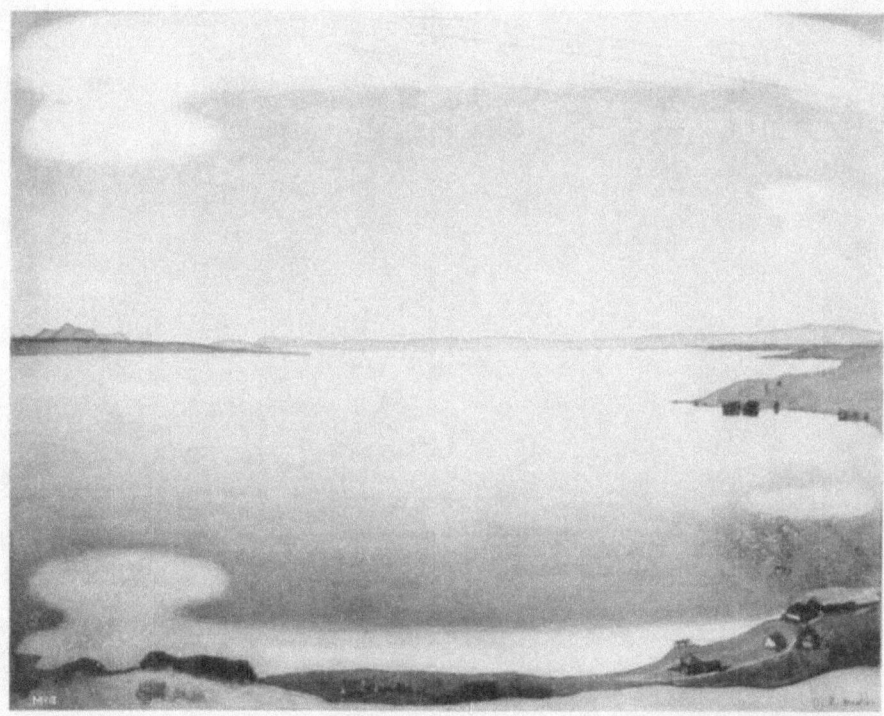
Mit Genehmigung des Verlages R. Piper & Co. München

Ferdinand Hodler Genferseelandschaft (Abb. 21)

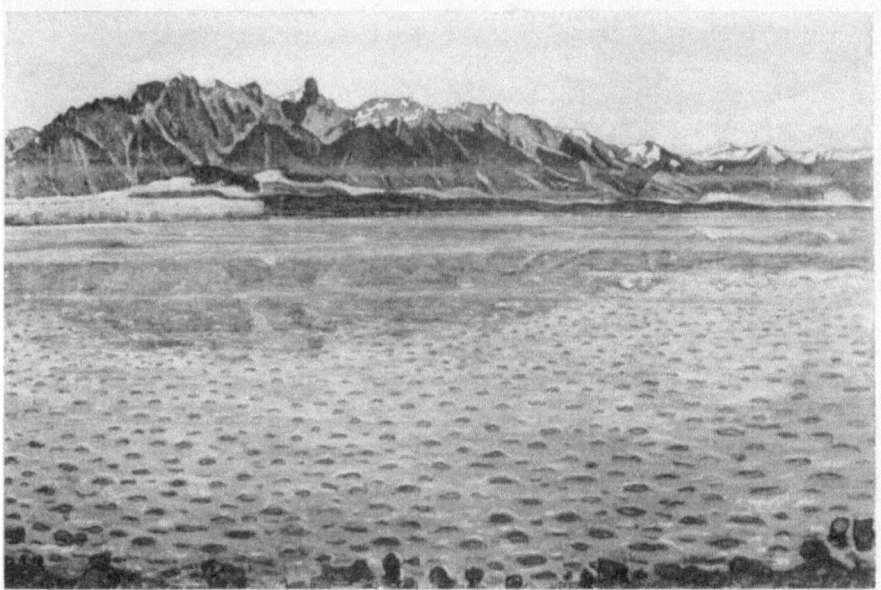

Mit Genehmigung des Verlages R. Piper & Co. München

Ferdinand Hodler Genferseelandschaft (Abb. 22)

Abb. 23

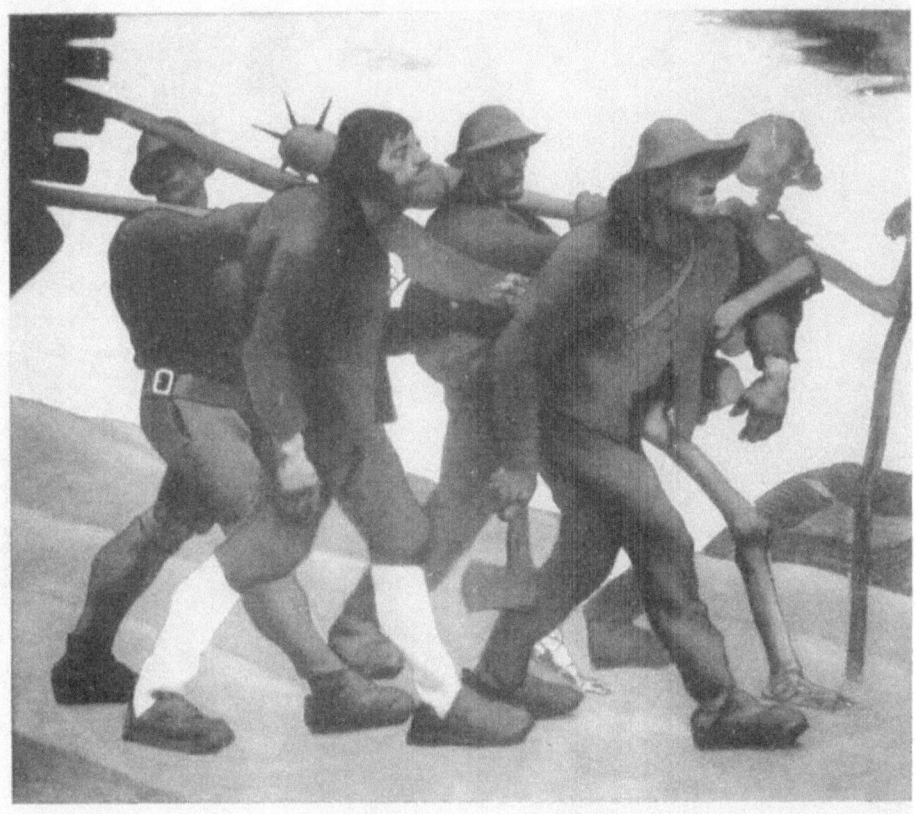

Albin Egger-Lienz　　　　　　　　　　　　　　　Der Totentanz von Anno 9 (Abb. 23)

Abb. 24

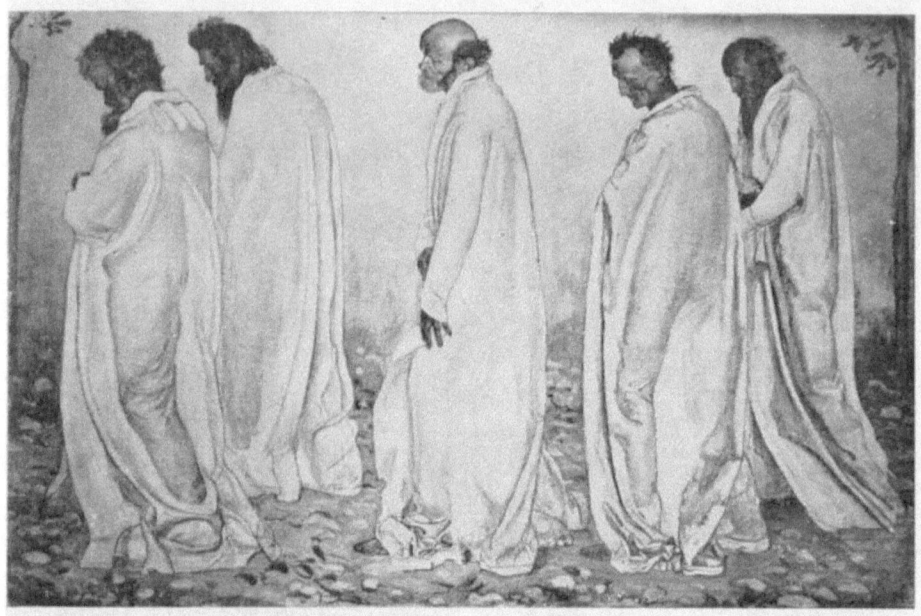

Mit Genehmigung des Verlages R. Piper & Co. München

Ferdinand Hodler　　　　　　　　　　　　　　　　Eurhythmie (Abb. 24)

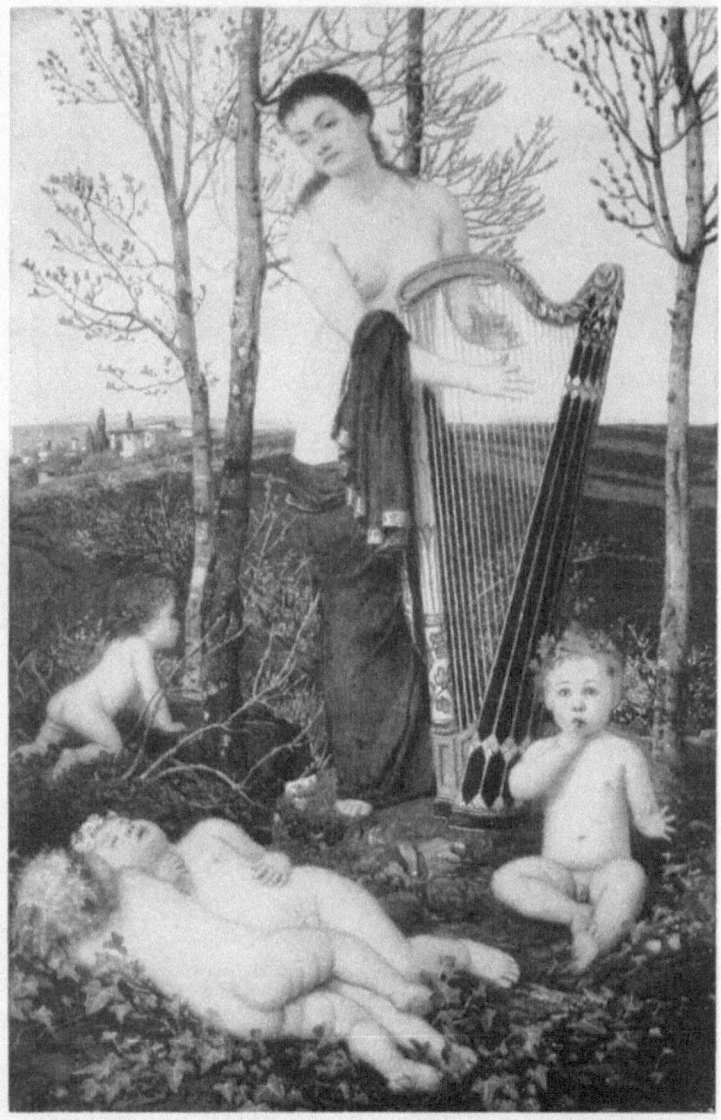

Mit Genehmigung der Photographischen Union, München

Arnold Böcklin　　　　　　　　Flora, Blumen erweckend (Abb. 25)

Abb. 26

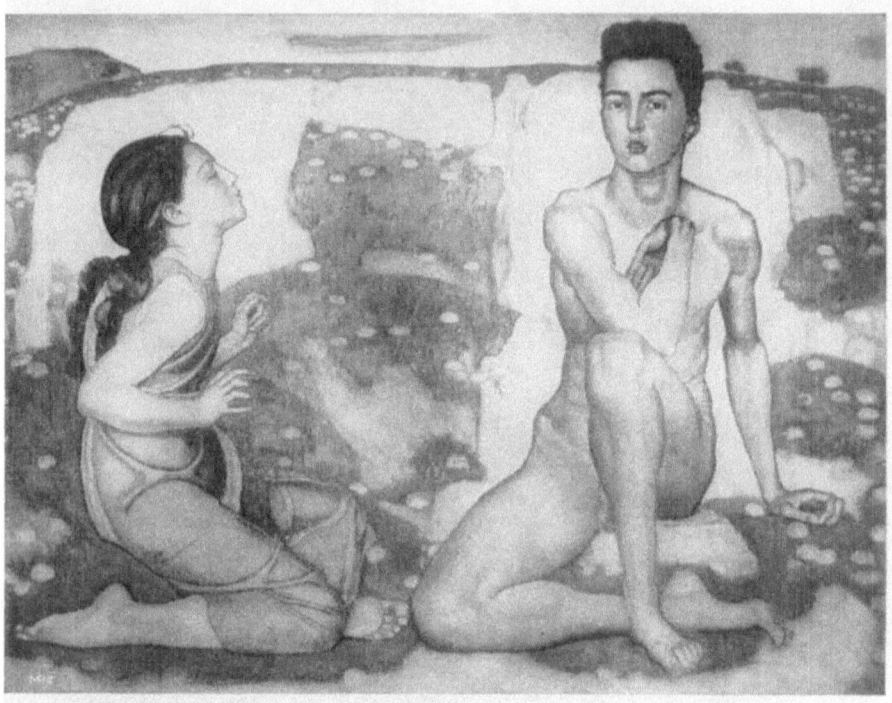

Mit Genehmigung des Verlages R. Piper & Co, München

Ferdinand Hodler   Der Frühling (Abb. 26)

Abb. 27

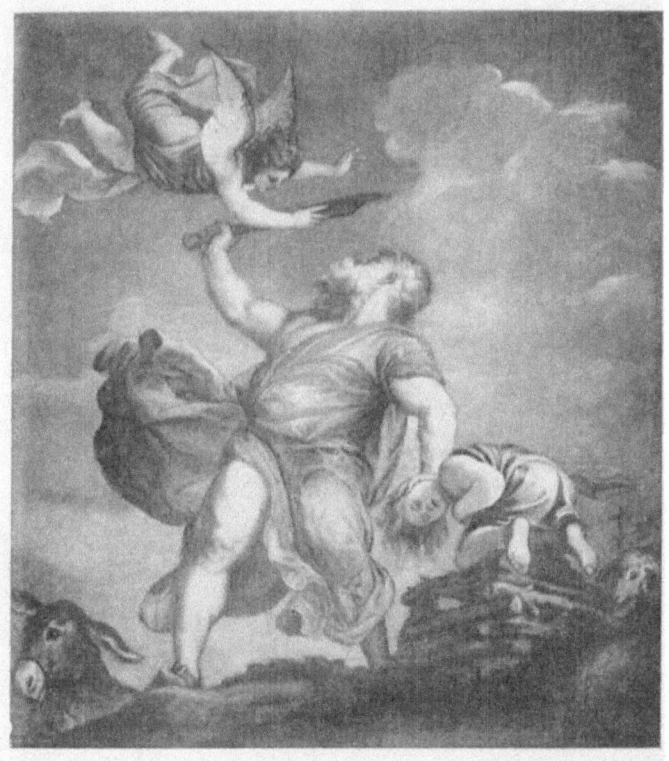

Tizian　　　　　　　　　　　Opferung Isaaks (Abb. 27)

Abb. 28

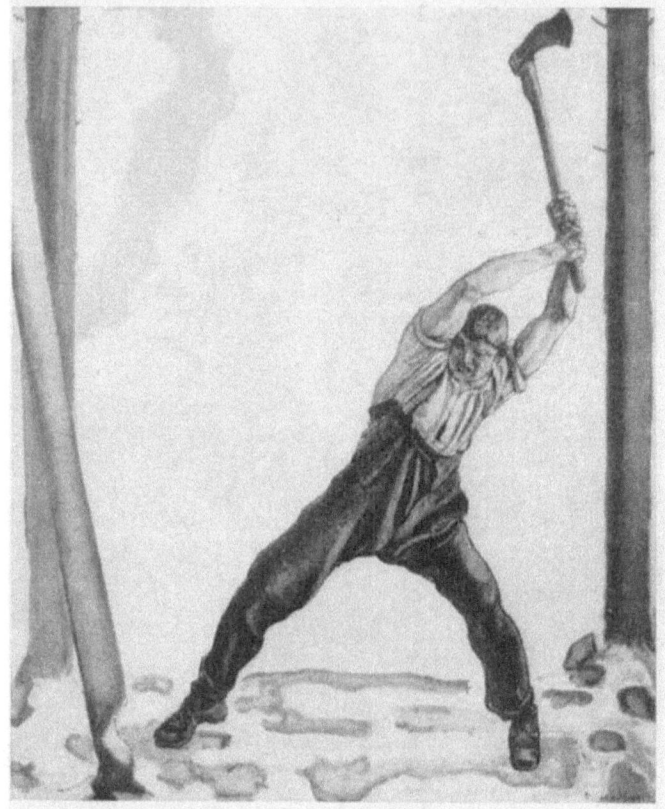

Mit Genehmigung des Verlages R. Piper & Co. München

Ferdinand Hodler　　　　　　　　　　Holzfäller (Abb. 28)

Abb. 29

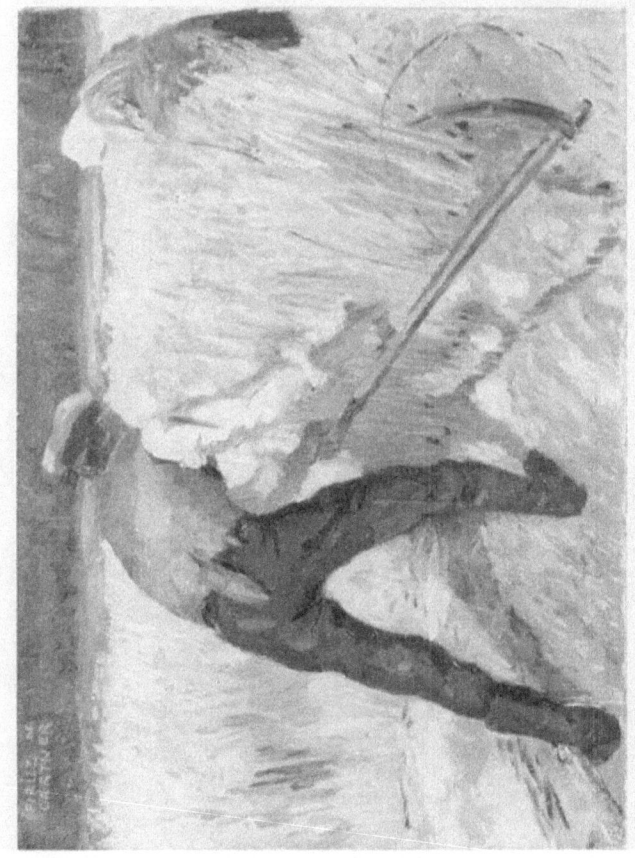

Mäher (Abb. 29)

Fritz Gärtner

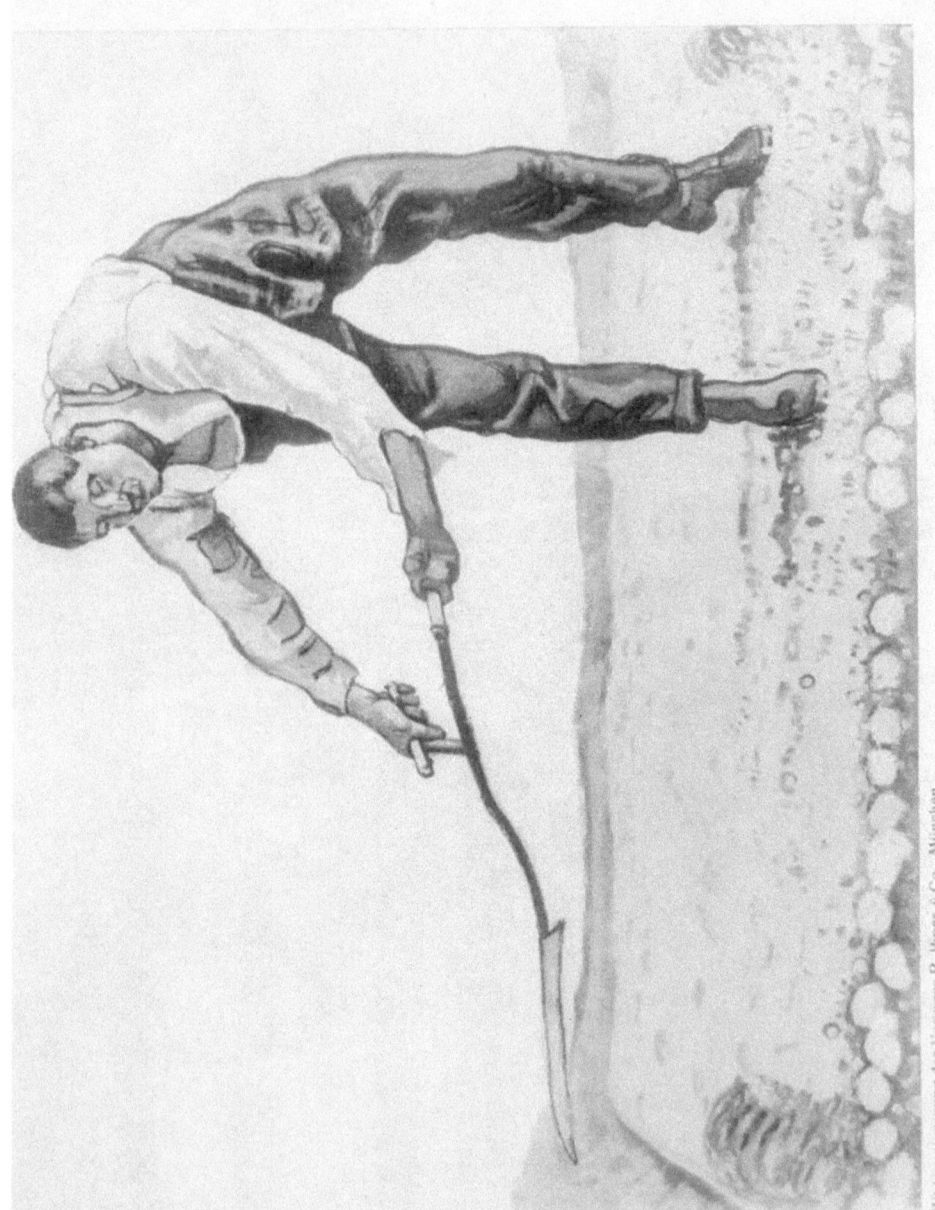

Abb. 30

Der Mäher (Abb. 30)

Ferdinand Hodler

Abb. 31

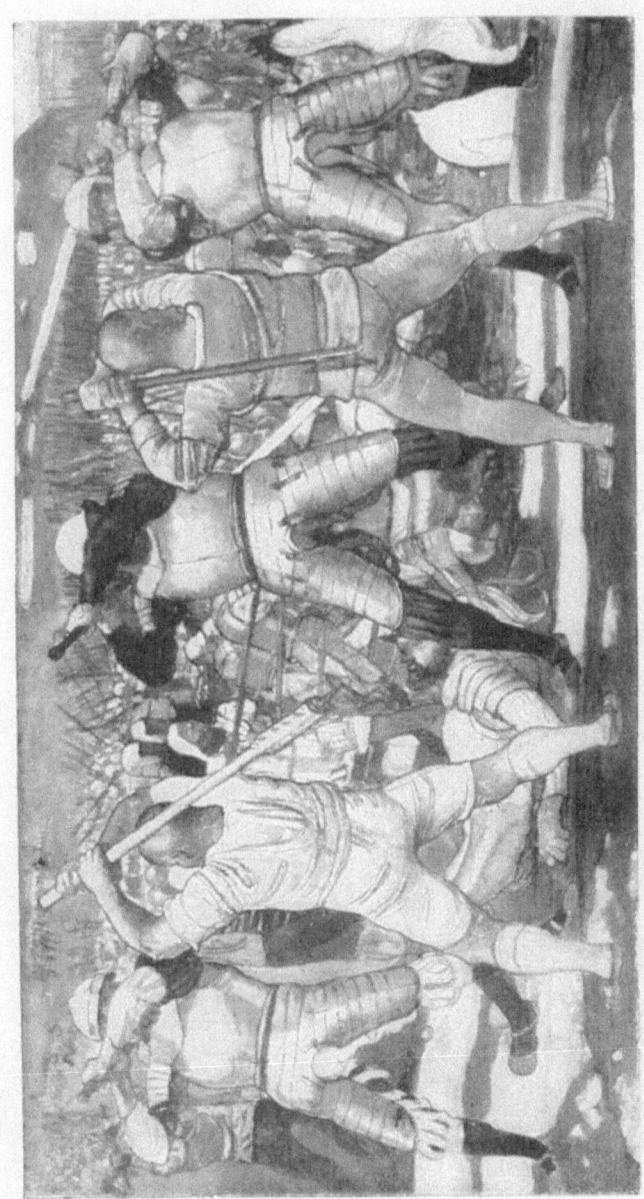

Im Besitz der öffentlichen Kunstsammlung Basel

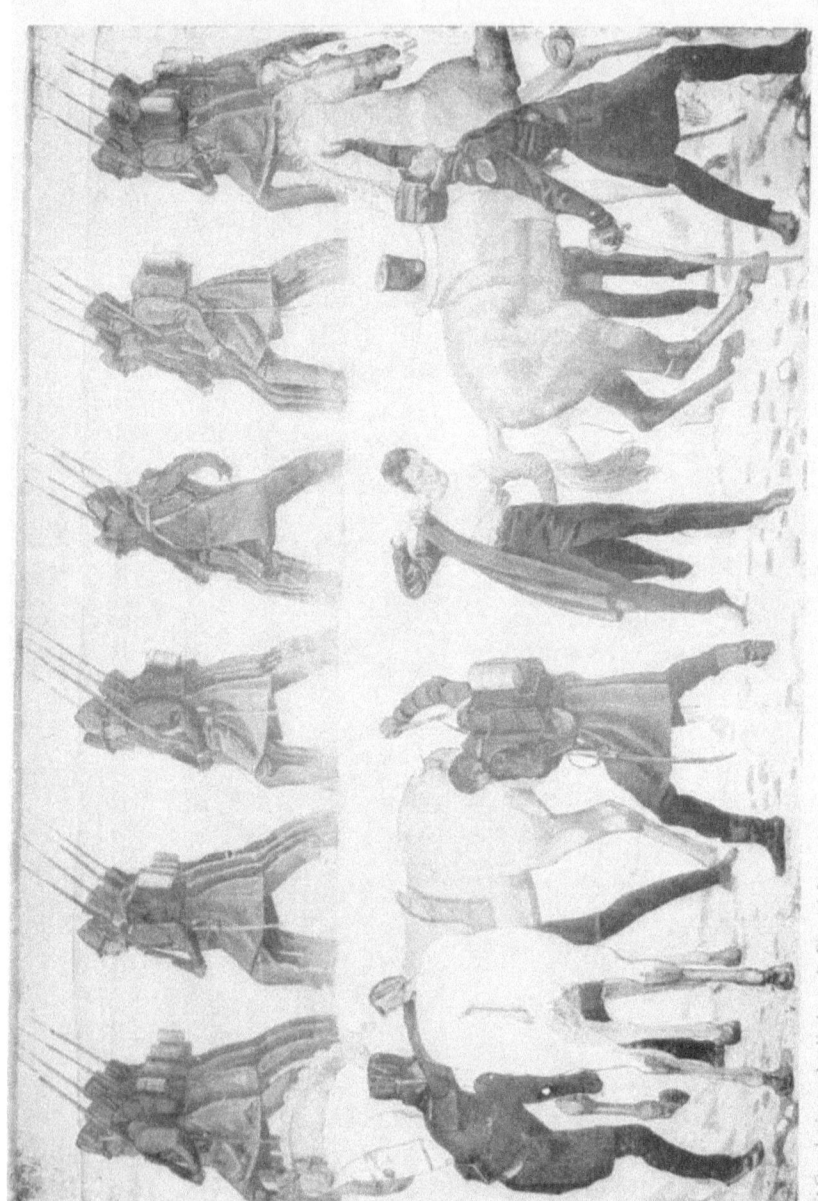

Ferdinand Hodler, Auszug der Jenenser Studenten (Abb. 32)

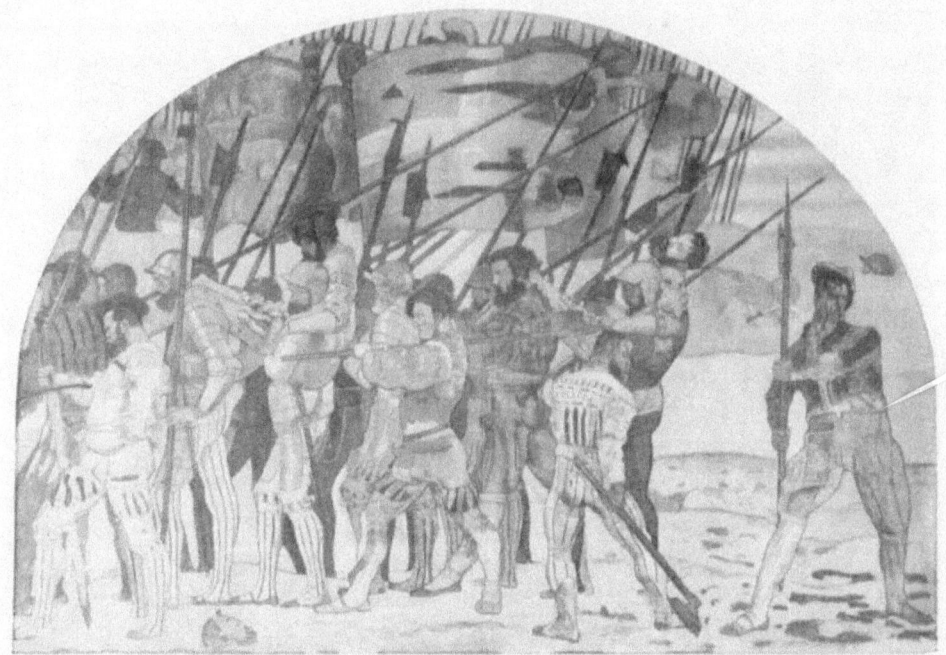

Mit Genehmigung des Verlages R. Piper & Co., München

Ferdinand Hodler   Rückzug der Eidgenossen bei Marignano (Abb. 33)

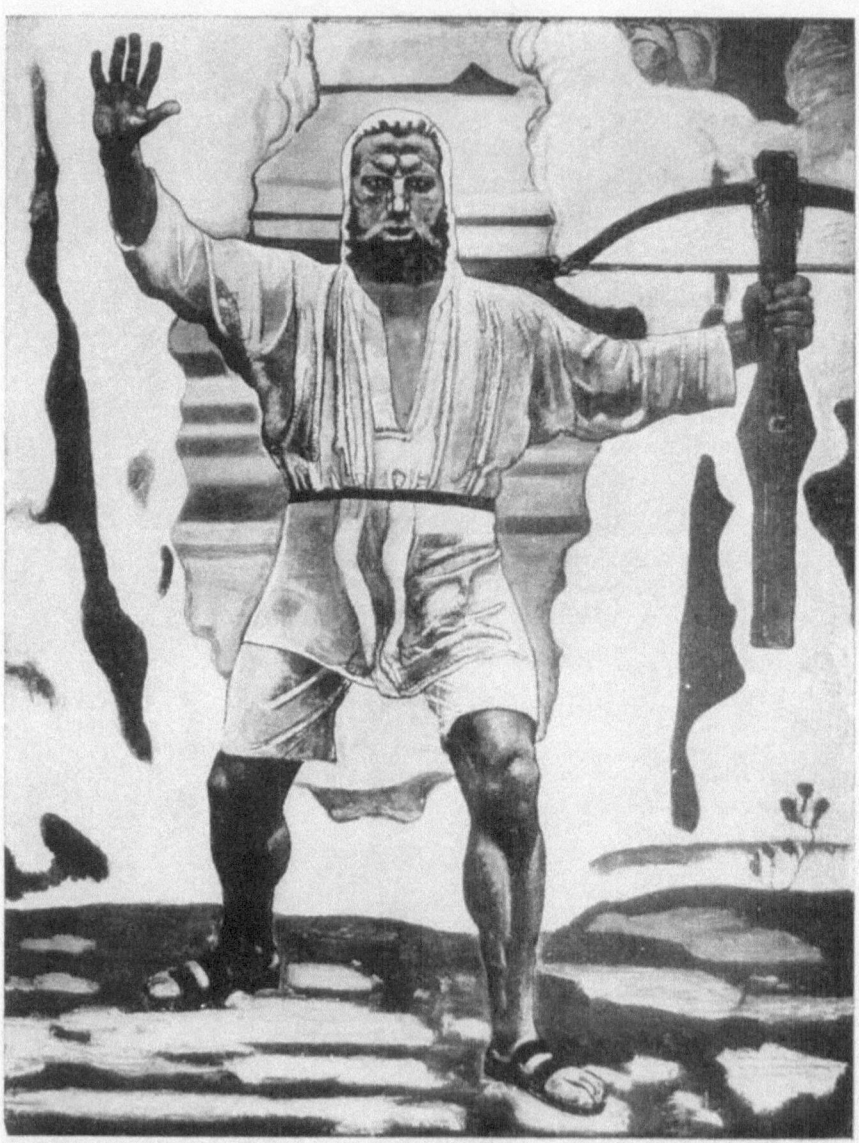

Ferdinand Hodler — Tell (Abb. 34)

Abb 35/35a

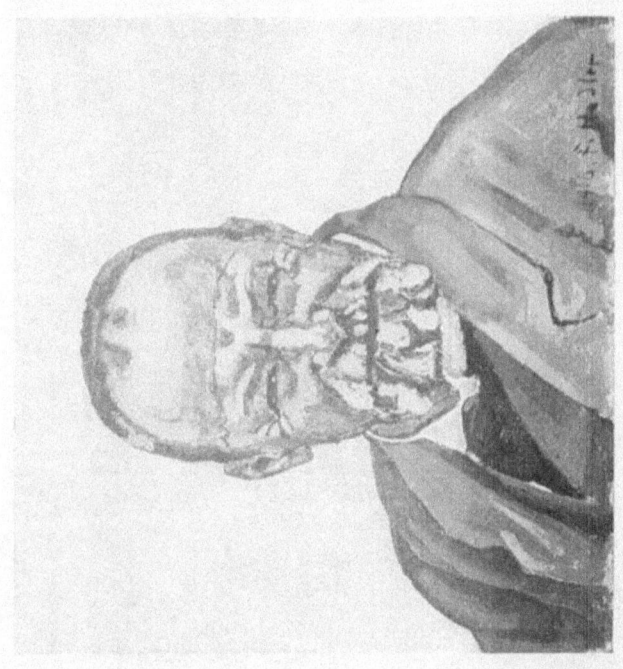
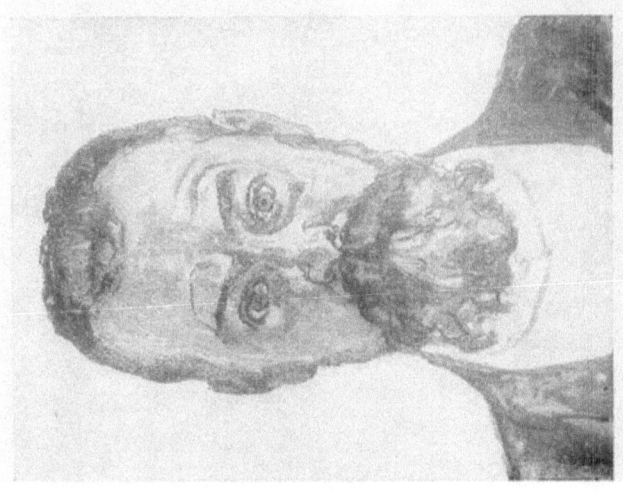

Mit Genehmigung des Verlages R. Piper & Co., München

Ferdinand Hodler — Selbstbildnisse (Abb. 35/35a)

Abb. 36/37

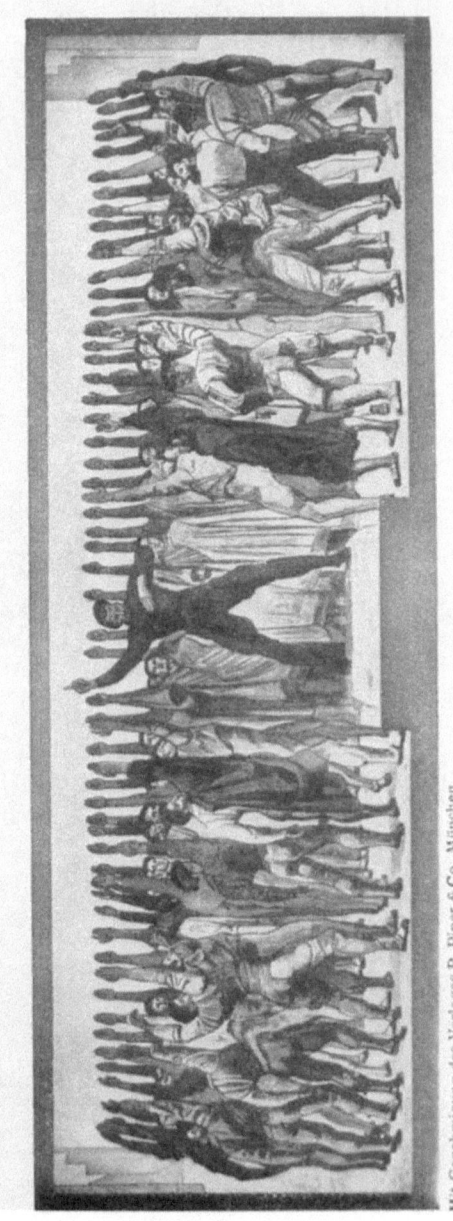

Der Blick ins Unendliche (Abb. 36)
Mit Genehmigung des Verlages R. Piper & Co. München
Ferdinand Hodler

Die Einmütigen (Abb. 37)
Mit Genehmigung des Verlages R. Piper & Co. München
Ferdinand Hodler

Abb. 38

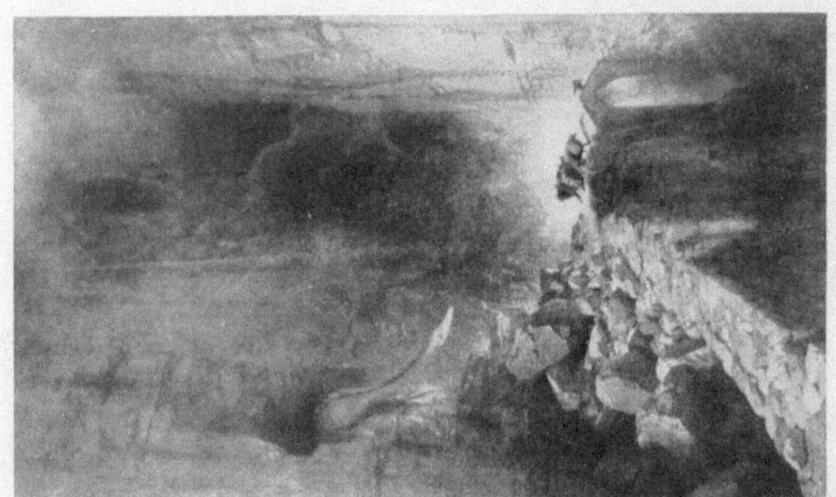

Arnold Böcklin Felsenschlucht (Abb. 38)

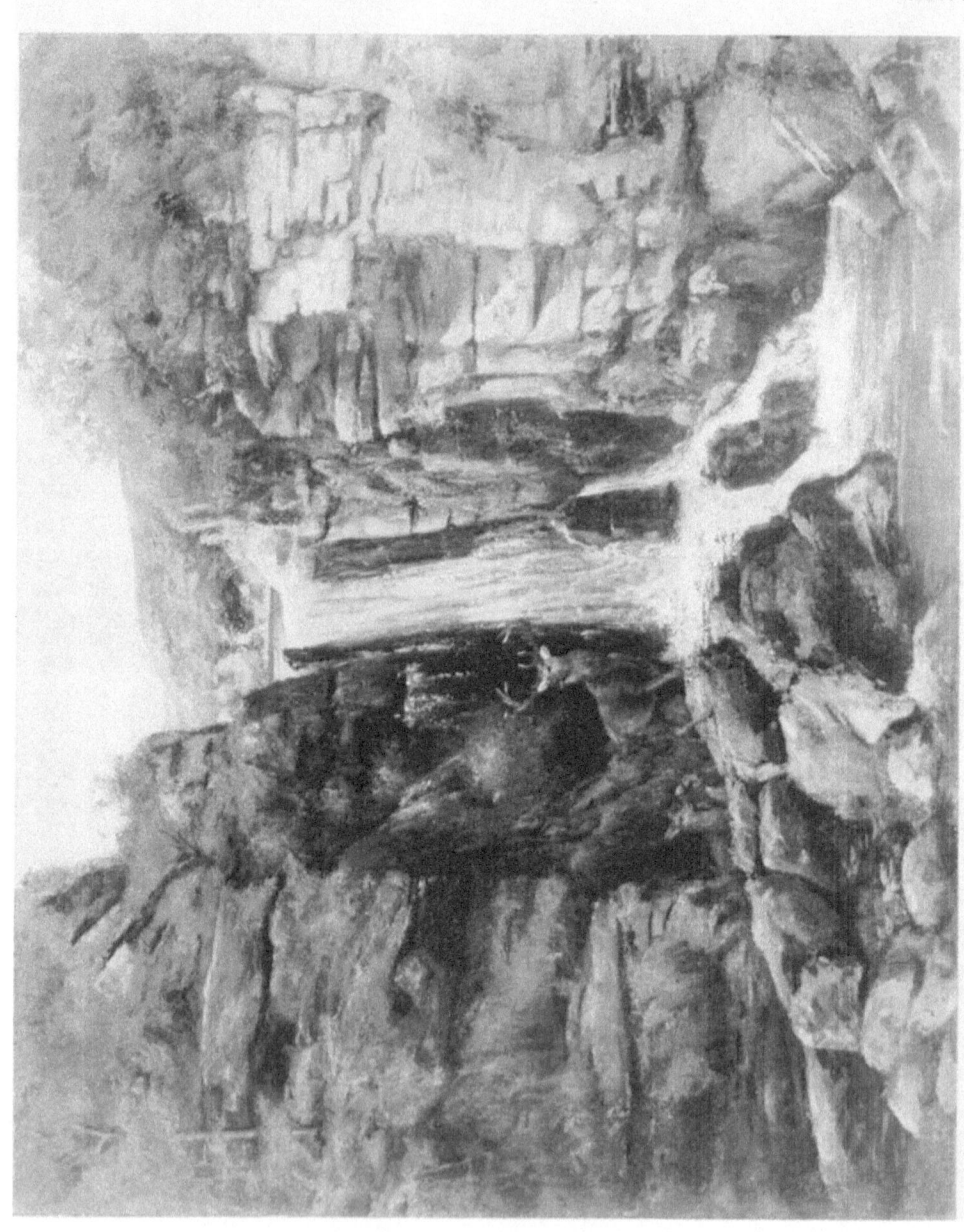

Gustave Courbet Wasserfall (Abb. 39)

Abb. 40

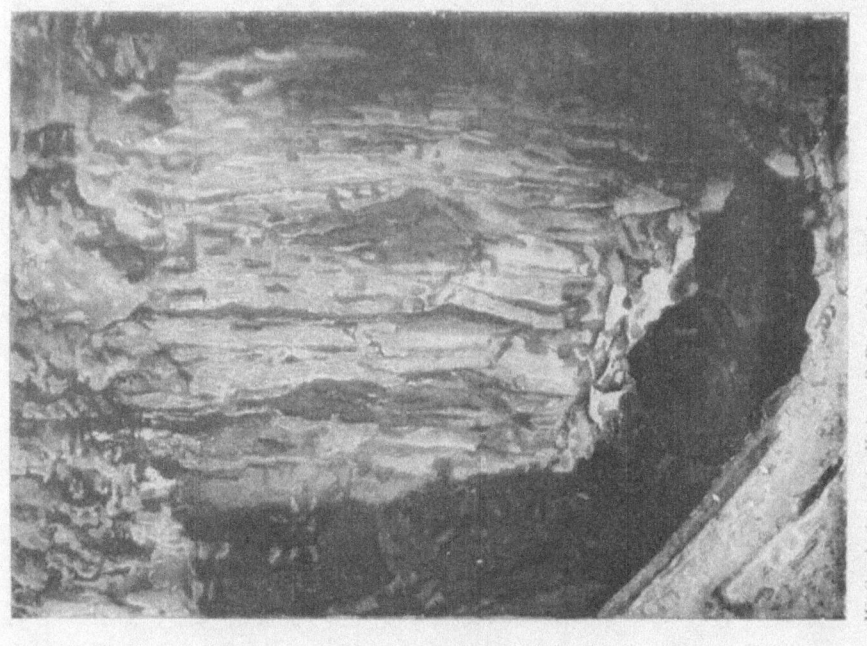

Ferdinand Hodler Wasser und Felsen (Abb. 40)

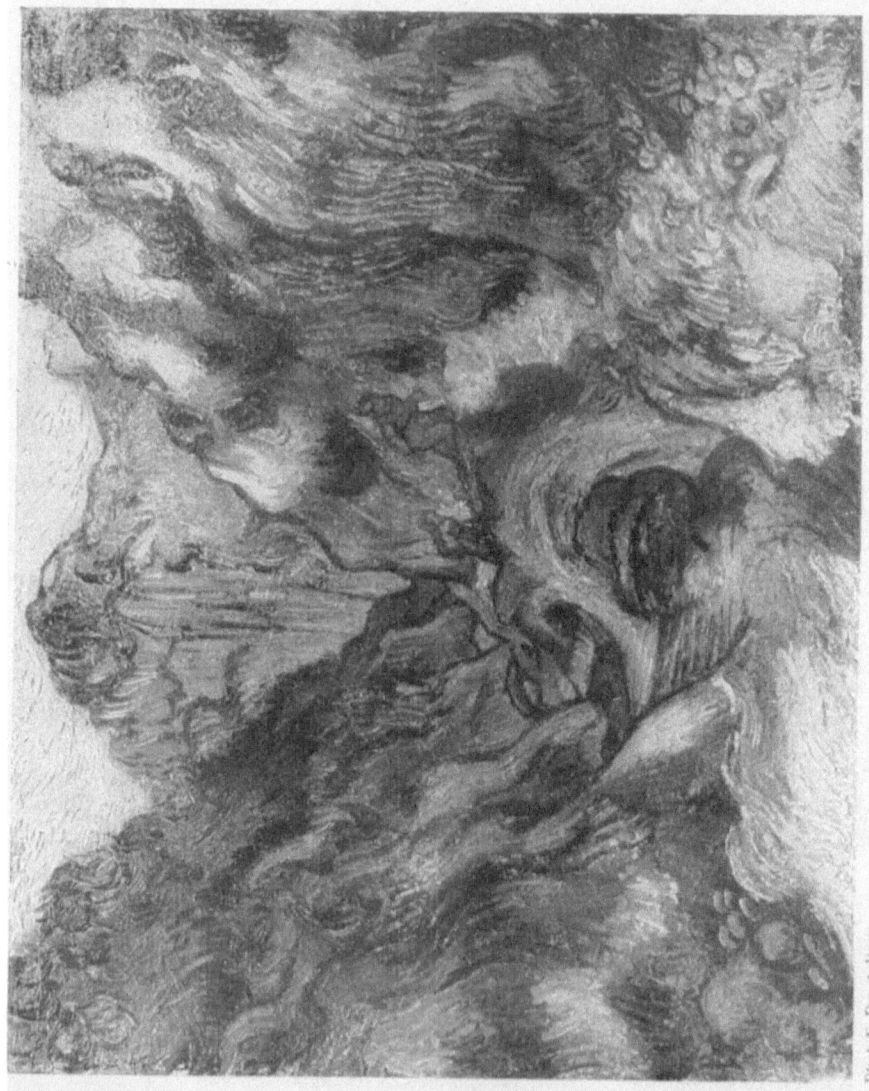

Abb. 41

Vincent van Gogh — Die Schlucht (Abb. 41)

Abb. 42/43

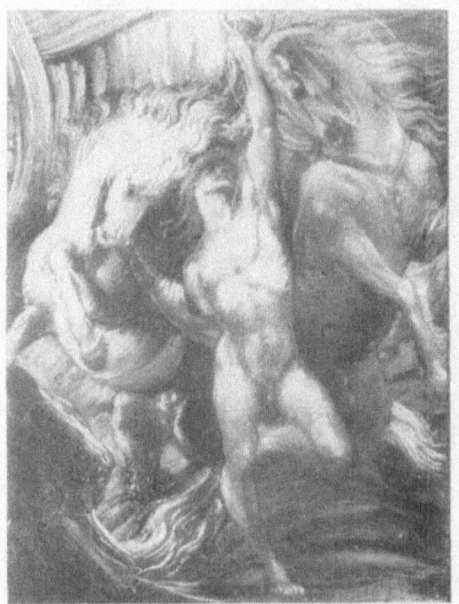

Phot. E. Druet, Paris

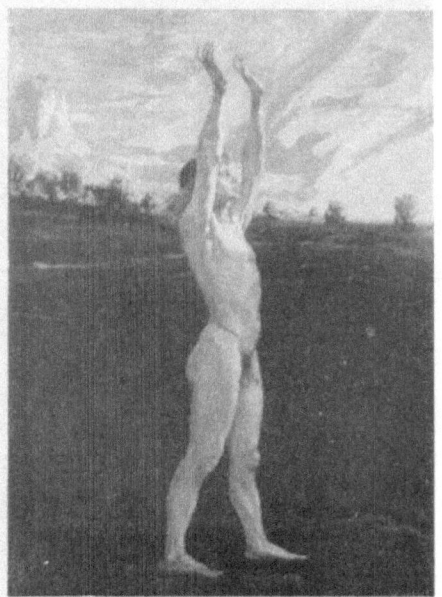

Mit Genehmigung von Amsler & Ruthart, Berlin

Henry de Groux   Allegorie (Abb. 42)   Max Klinger   Und doch! (Abb. 43)

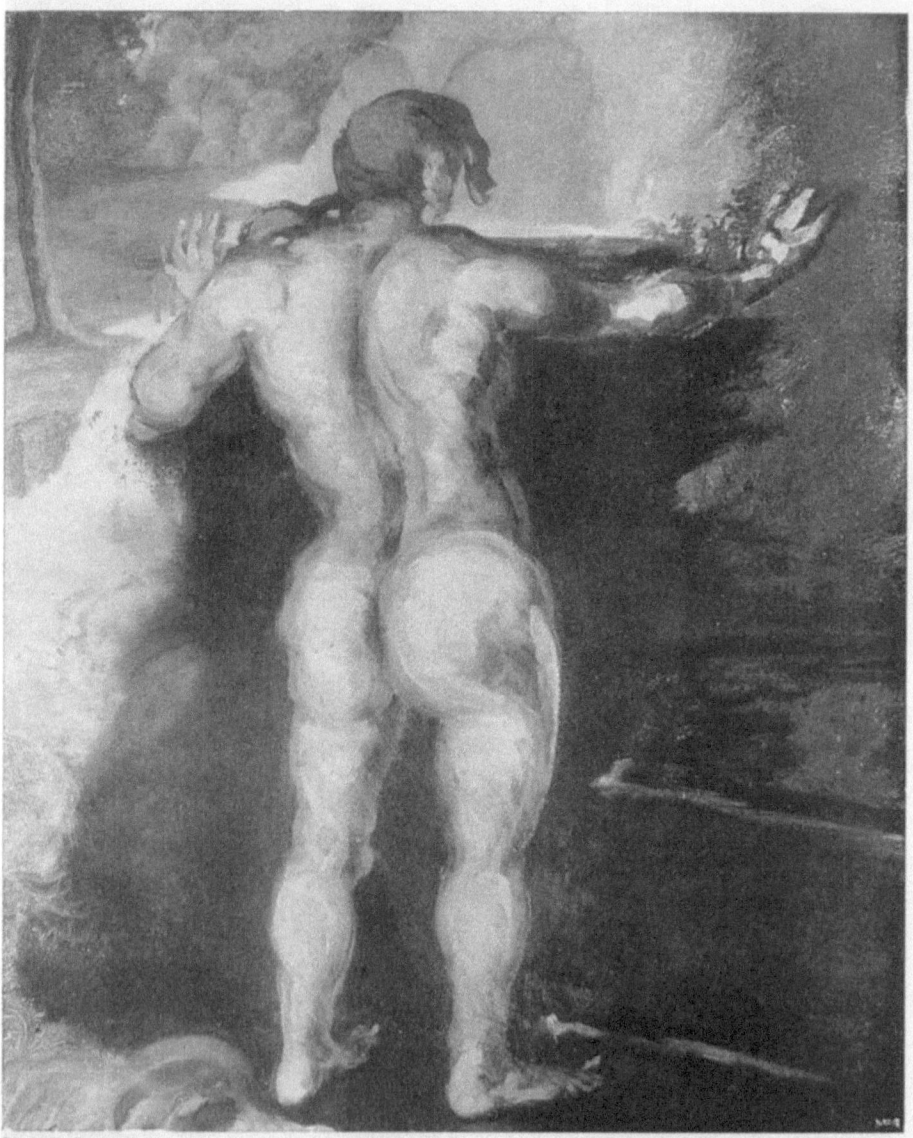

Paul Cézanne — Badender in Landschaft (Abb. 44)

Abb. 45

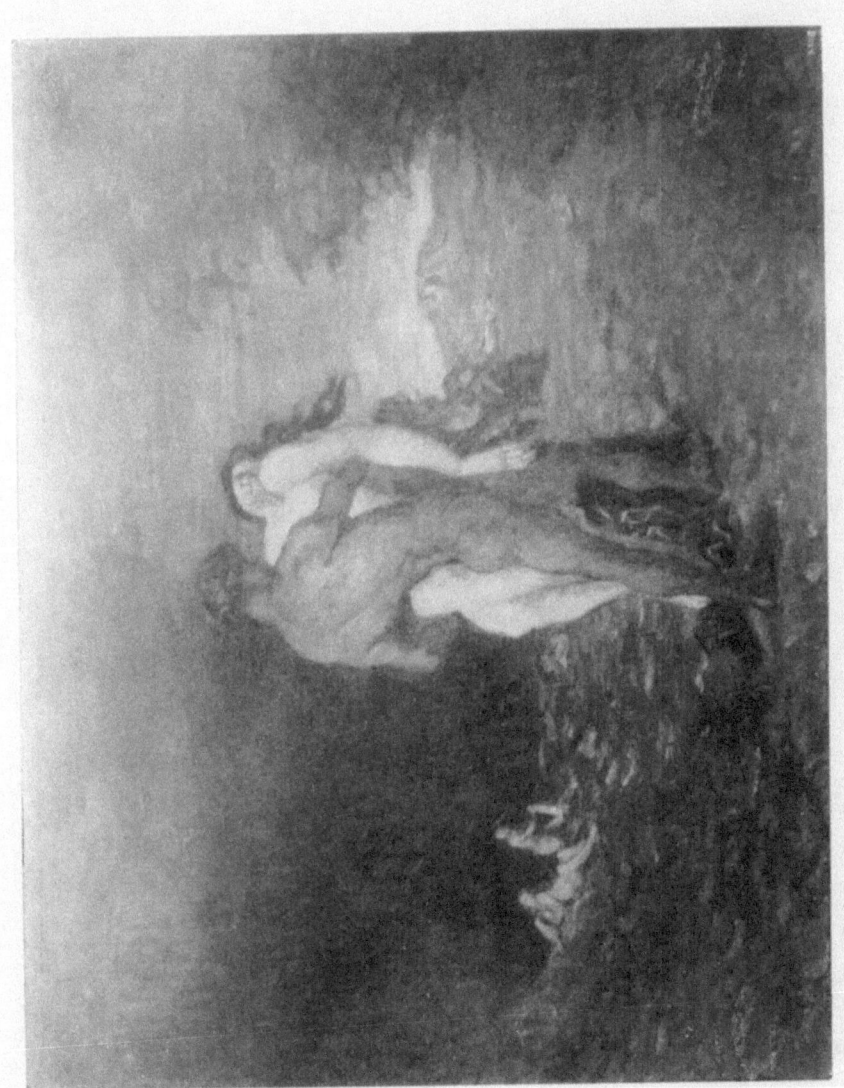

Paul Cézanne — Entführung (Abb. 45)
Phot. Durand-Ruel, Paris

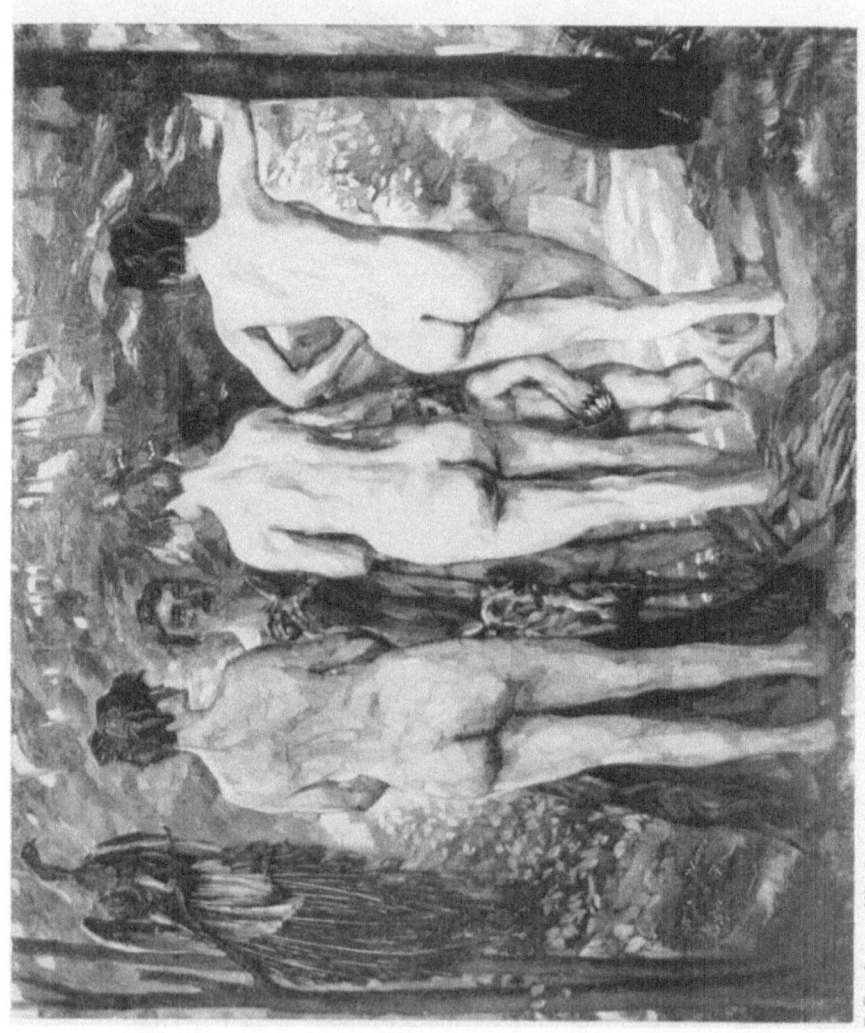

Wilhelm Trübner — Urteil des Paris (Abb. 46)

Abb. 47/48

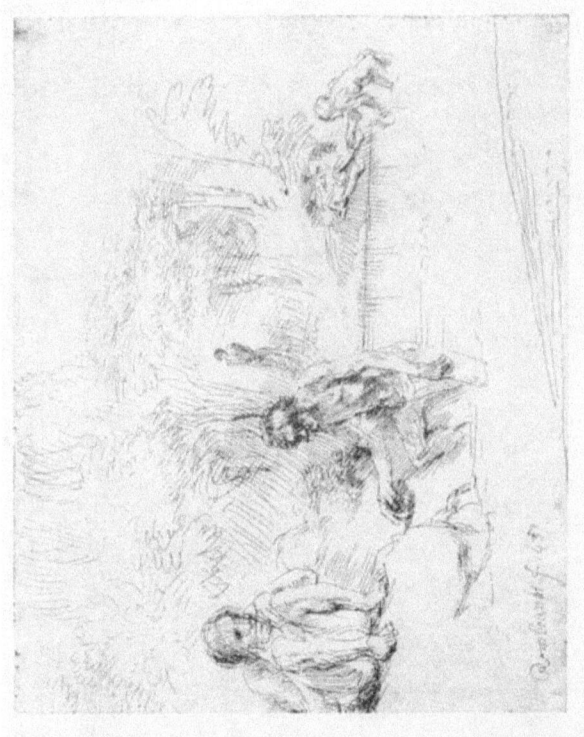

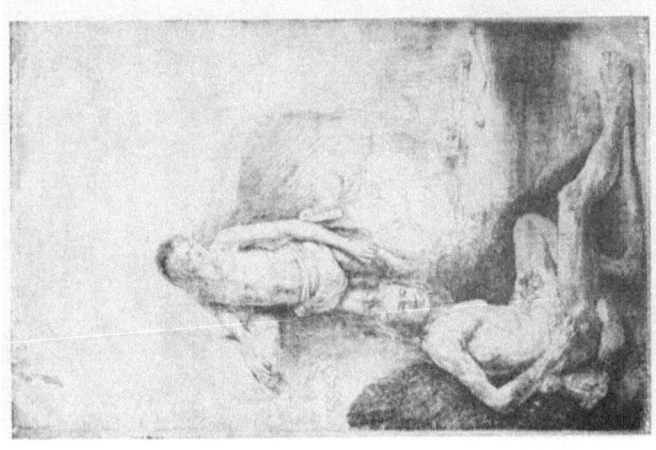

Rembrandt: Zwei männliche Akte (Abb. 47)   Rembrandt (1651)   Die badenden Männer (Abb. 48)
(1646)

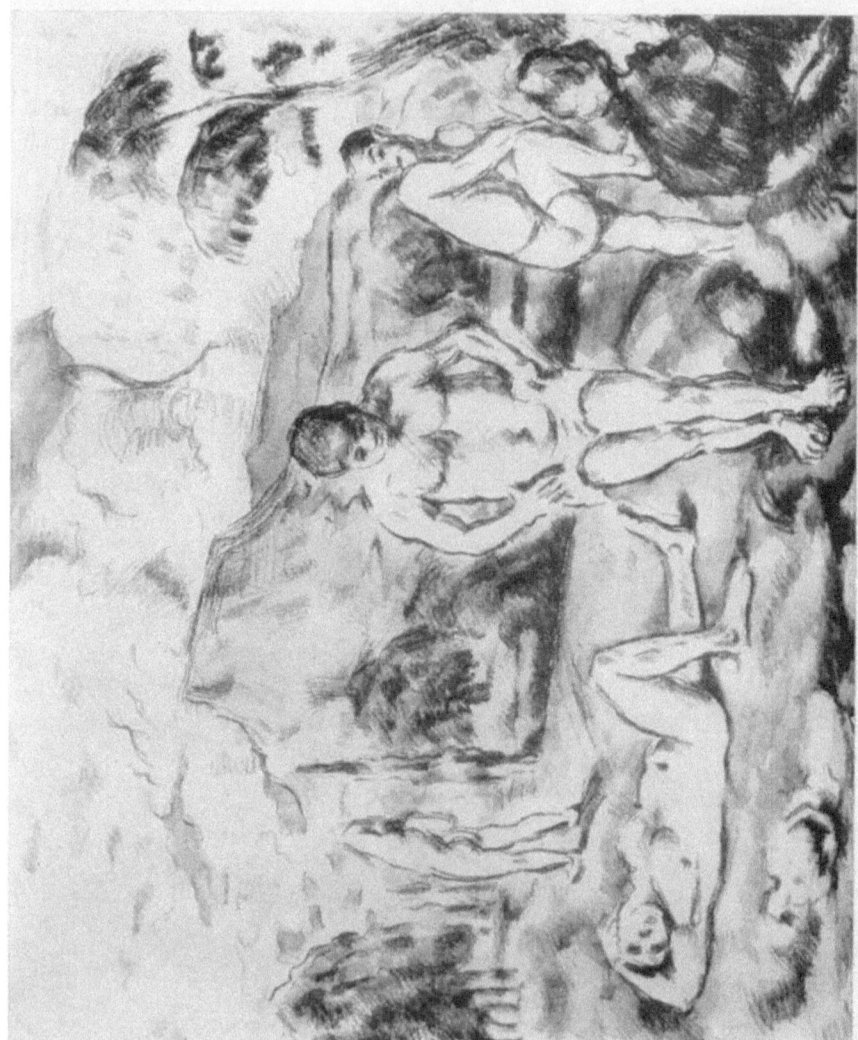

Phot. E. Druet, Paris
Paul Cézanne — Badende (Lithographie) (Abb. 49)

Abb. 50

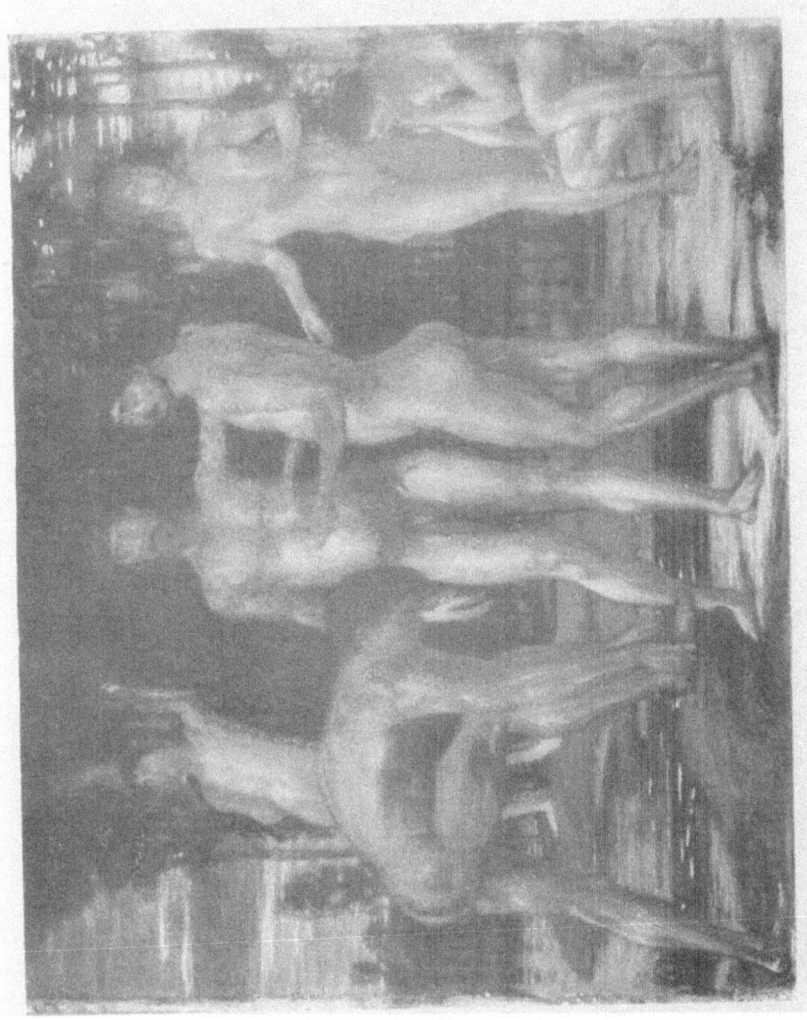

Mit Genehmigung von E. A. Seemann, Leipzig

Hans von Marées — Sechs nackte Männer vor einem Wald (Abb. 50)

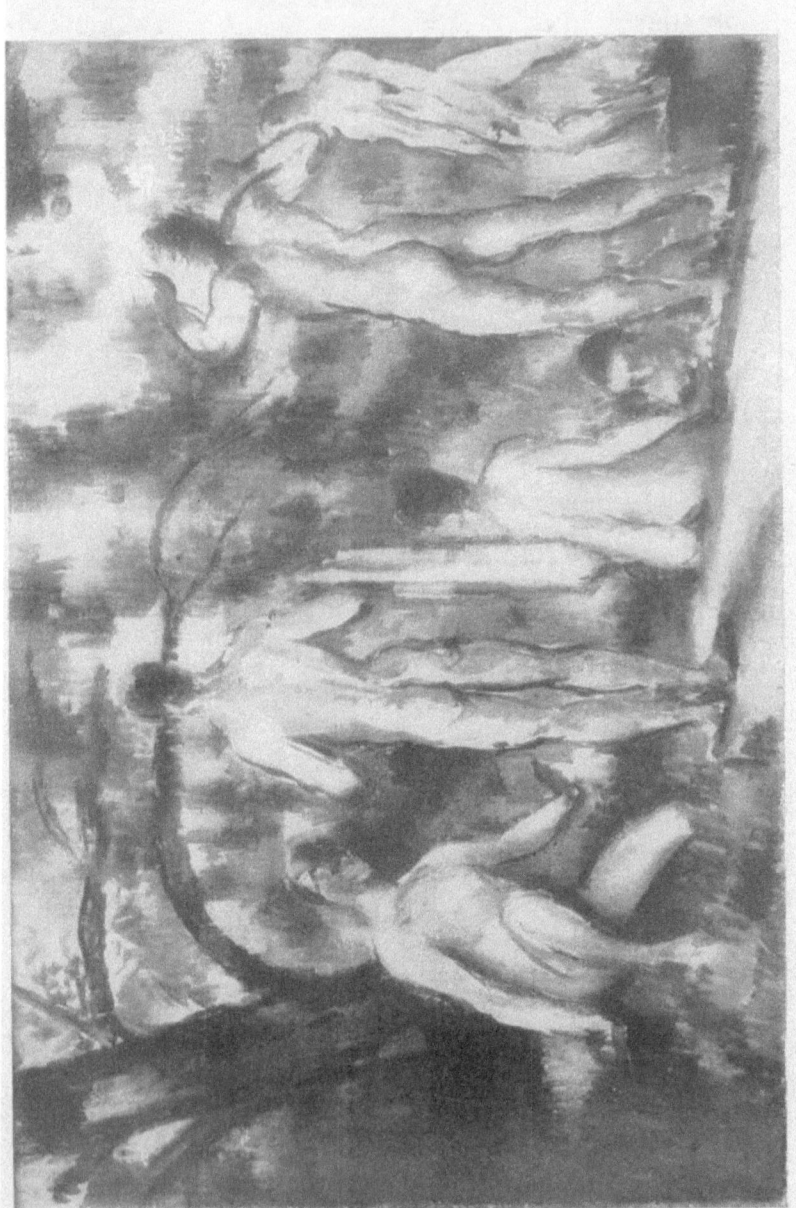

Abb. 51

Badende (Abb. 51)

Paul Cézanne

Abb. 52

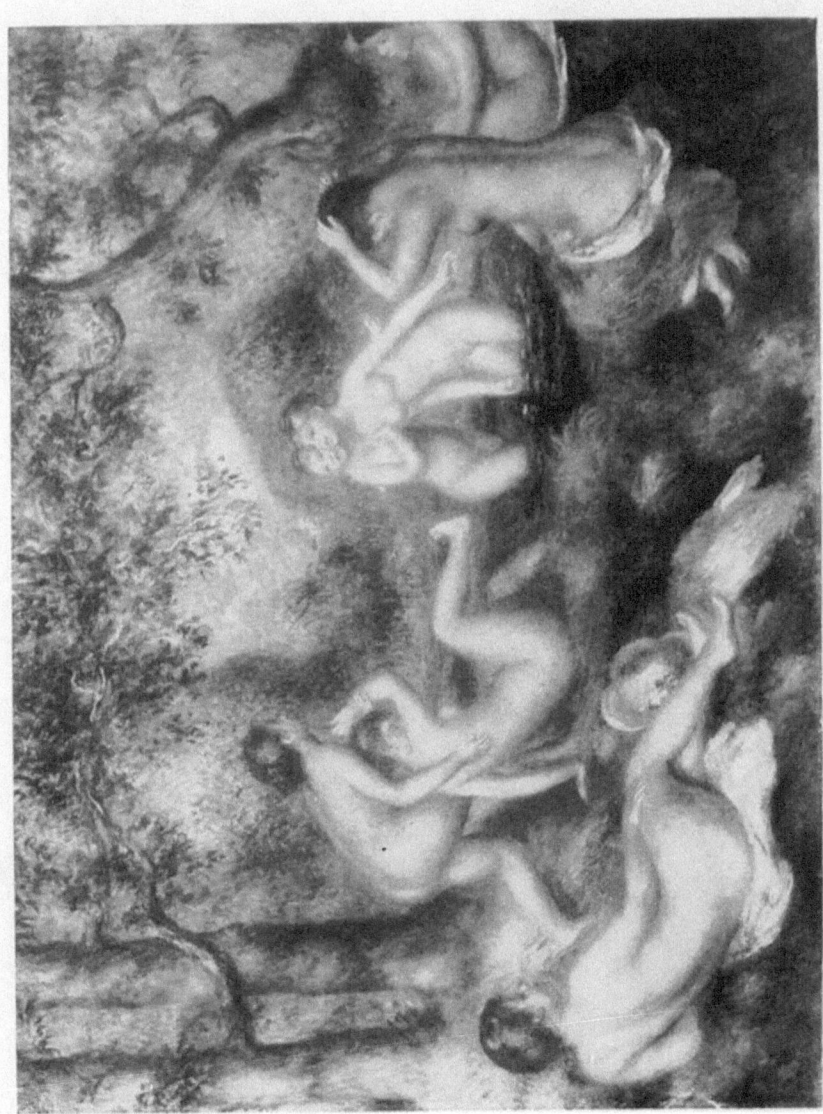

Auguste Renoir — Badende (Abb. 52)

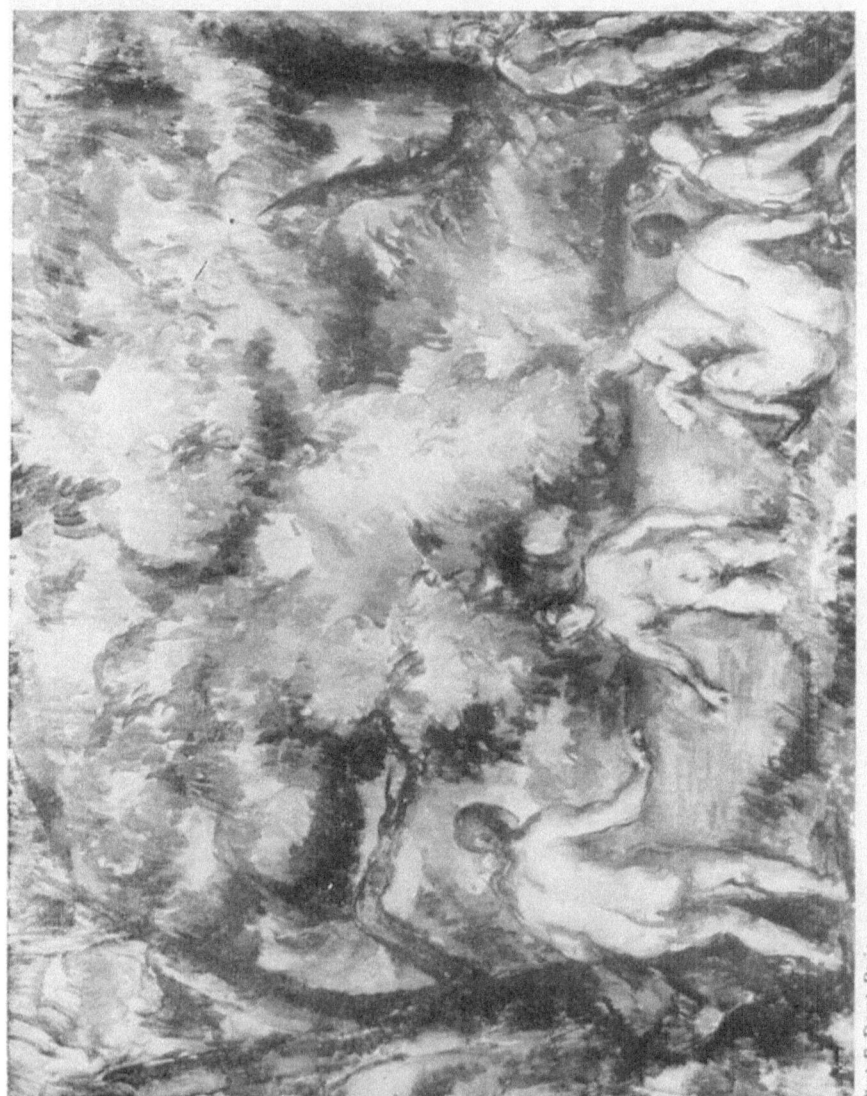

Paul Cézanne Badende (Abb. 53)

Abb. 54

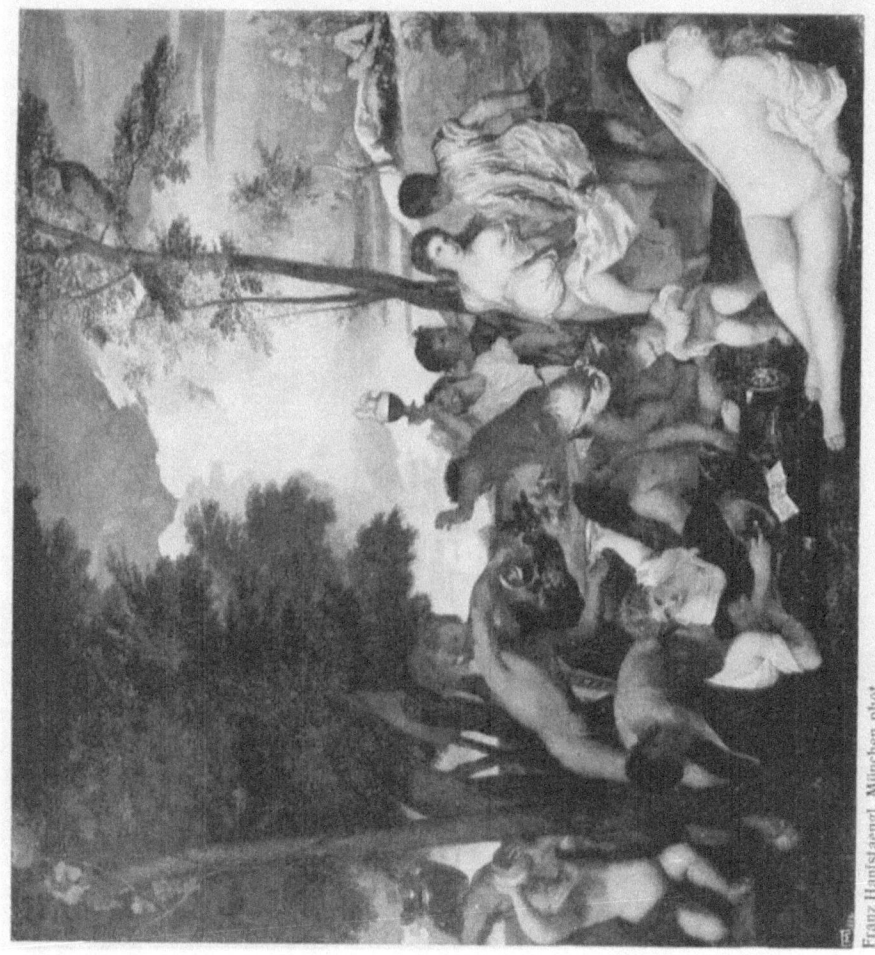

Franz Hanfstaengl, München phot.

Tizian Das Bacchanale (Abb. 54)

Paul Cézanne
Bacchanale (Abb. 55)

Abb. 56

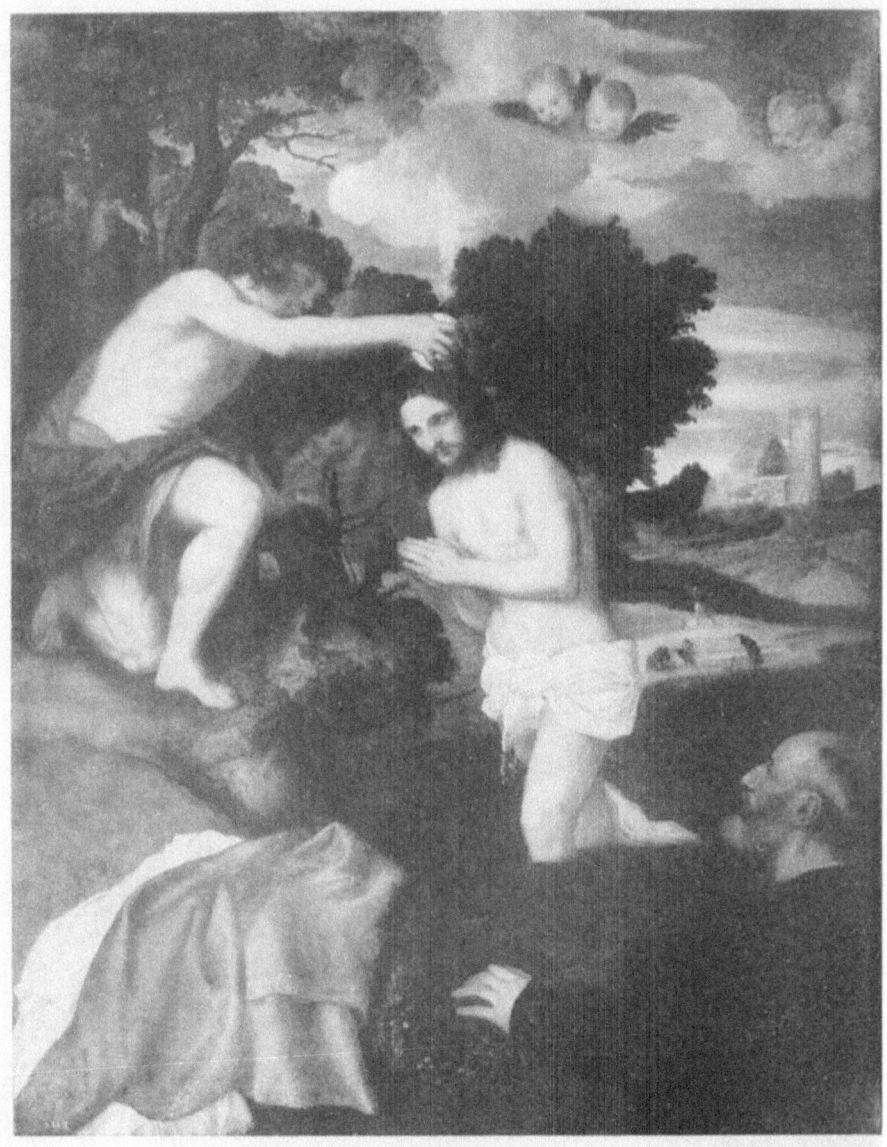

Tizian　　　　　　　　　　　　　　　　　　　Taufe Christi (Abb. 56)

Abb. 57

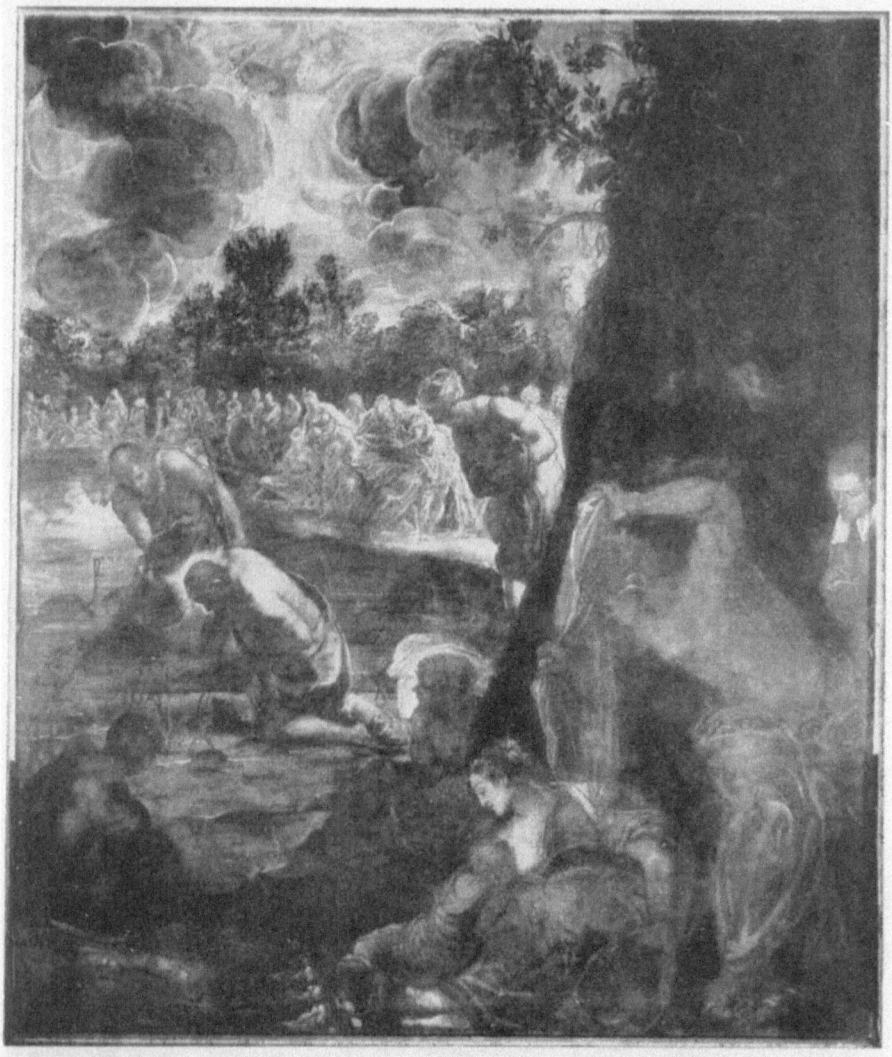

Phot. Anderson, Rom

Tintoretto   Taufe Christi (Abb. 57)

Abb. 58

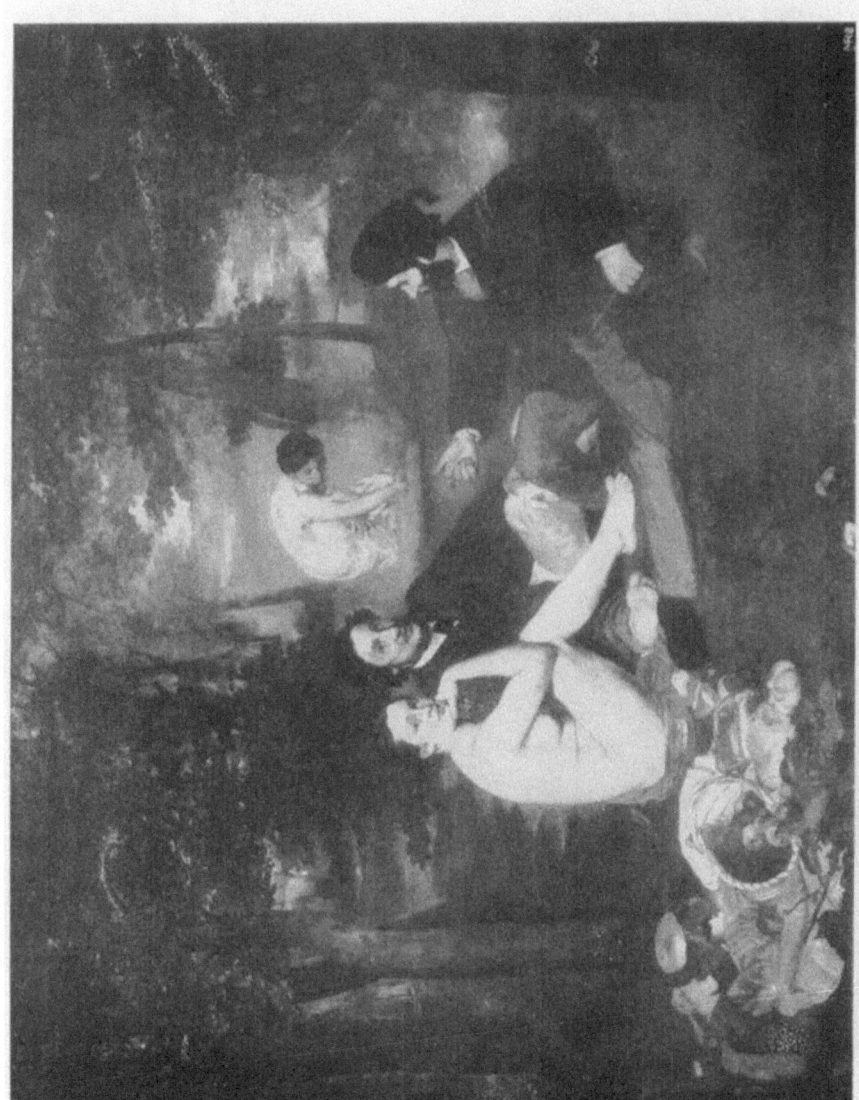

Phot. E. Druet, Paris

Edouard Manet   Frühstück auf dem Rasen (Abb. 58)

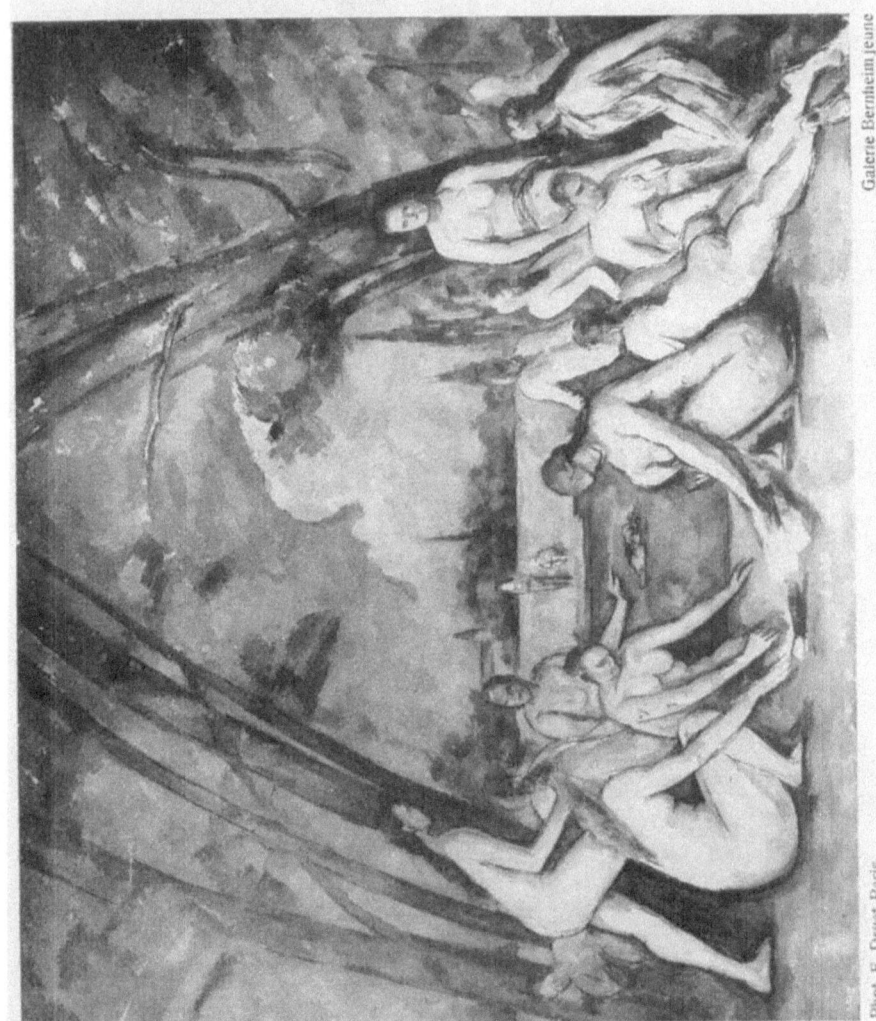

Paul Cézanne   Badende (Abb. 59)

Abb. 60

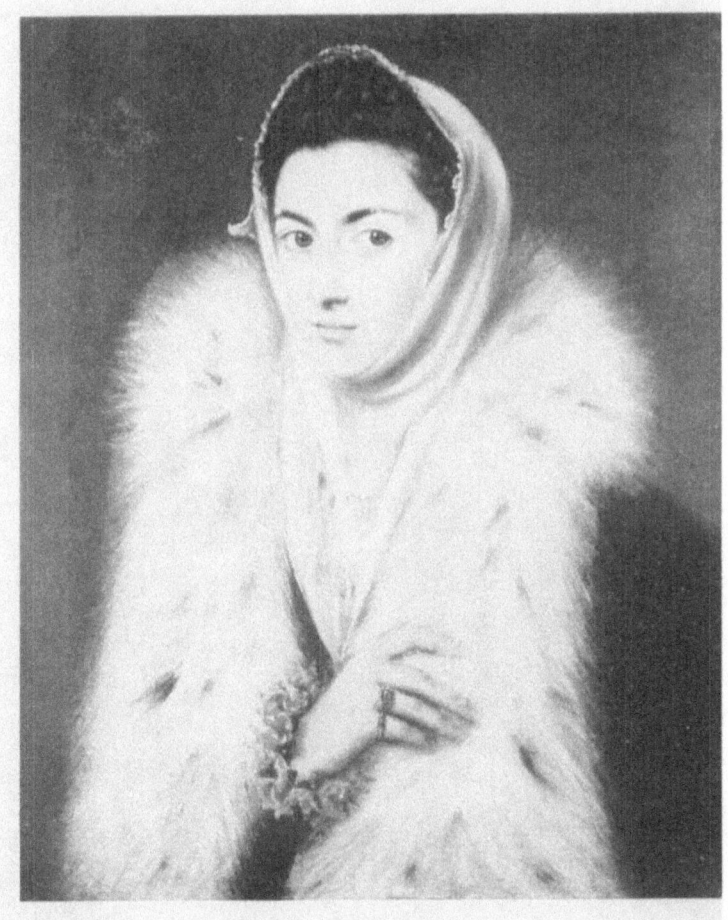

El Greco Dame mit Boa (Abb. 60)

Abb. 61

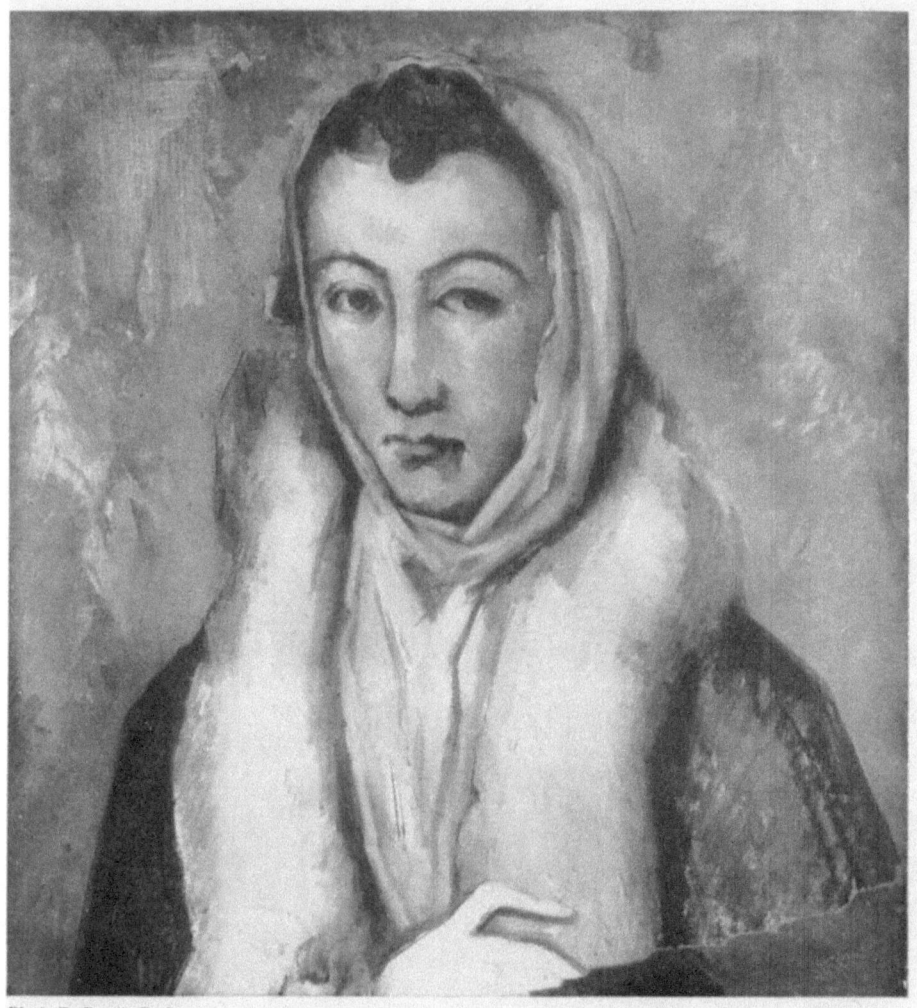

Phot. E. Druet, Paris

Paul Cézanne　　　　　　　　　　　　　　　　　　　　Dame mit Boa (Abb. 61)

Abb. 62/63

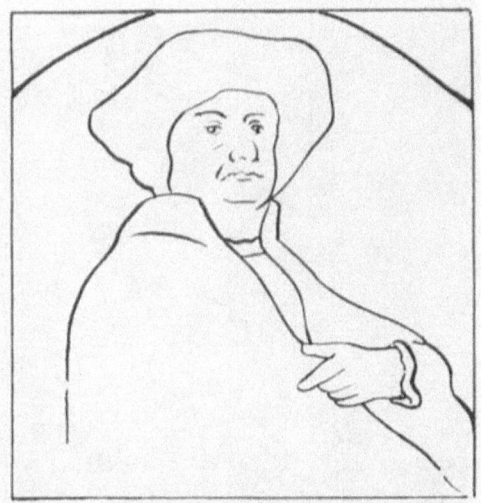

Nach Rembrandt   Selbstbildnis (Abb. 62)

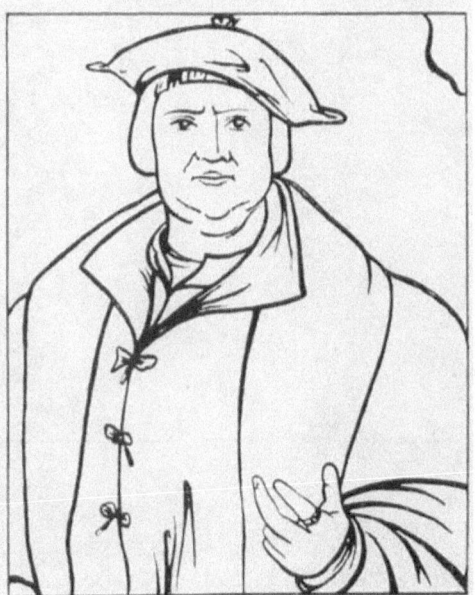

Nach Josef van Cleef   Porträt eines Mannes
(Abb. 63)

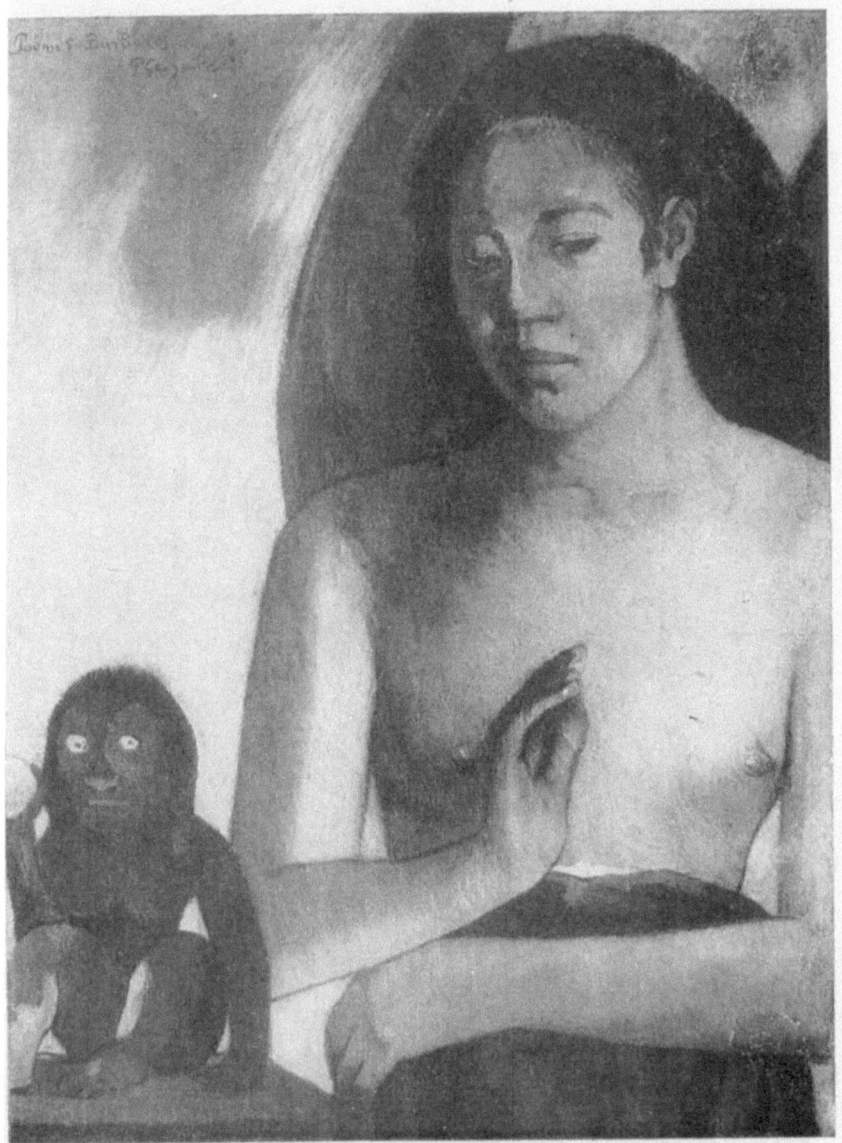

Paul Gauguin — Tahitanerin (Abb. 64)

Abb. 65|66

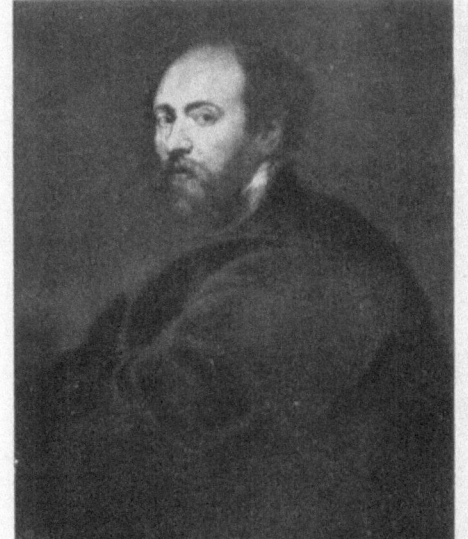 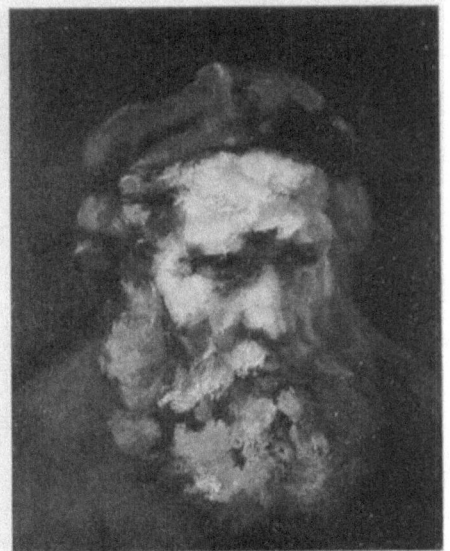

Rubens   Selbstbildnis (Abb. 65)   Rembrandt: Evangelist Matthäus (Abb. 66)

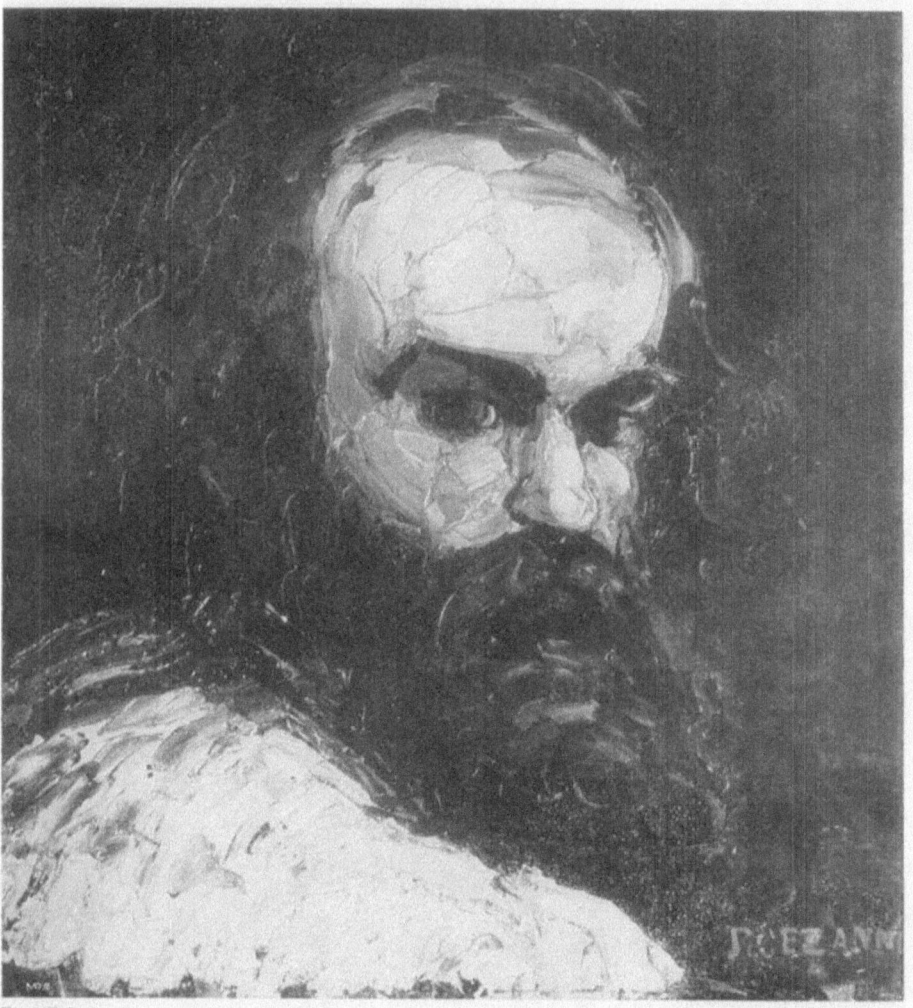

Phot. E. Druet, Paris

Paul Cézanne Selbstporträt (Abb. 67)

Abb. 68

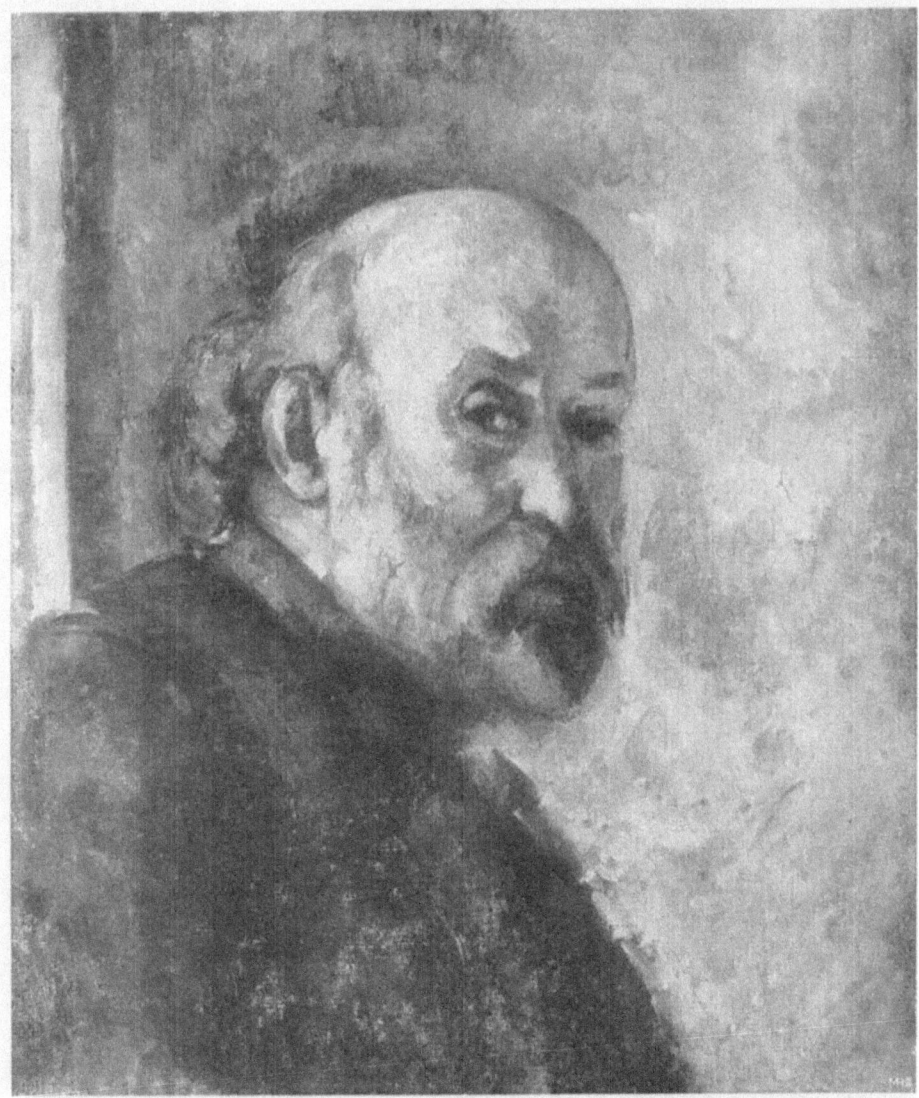

Phot. E. Druet, Paris

Paul Cézanne Selbstporträt (Abb. 68)

Abb. 69

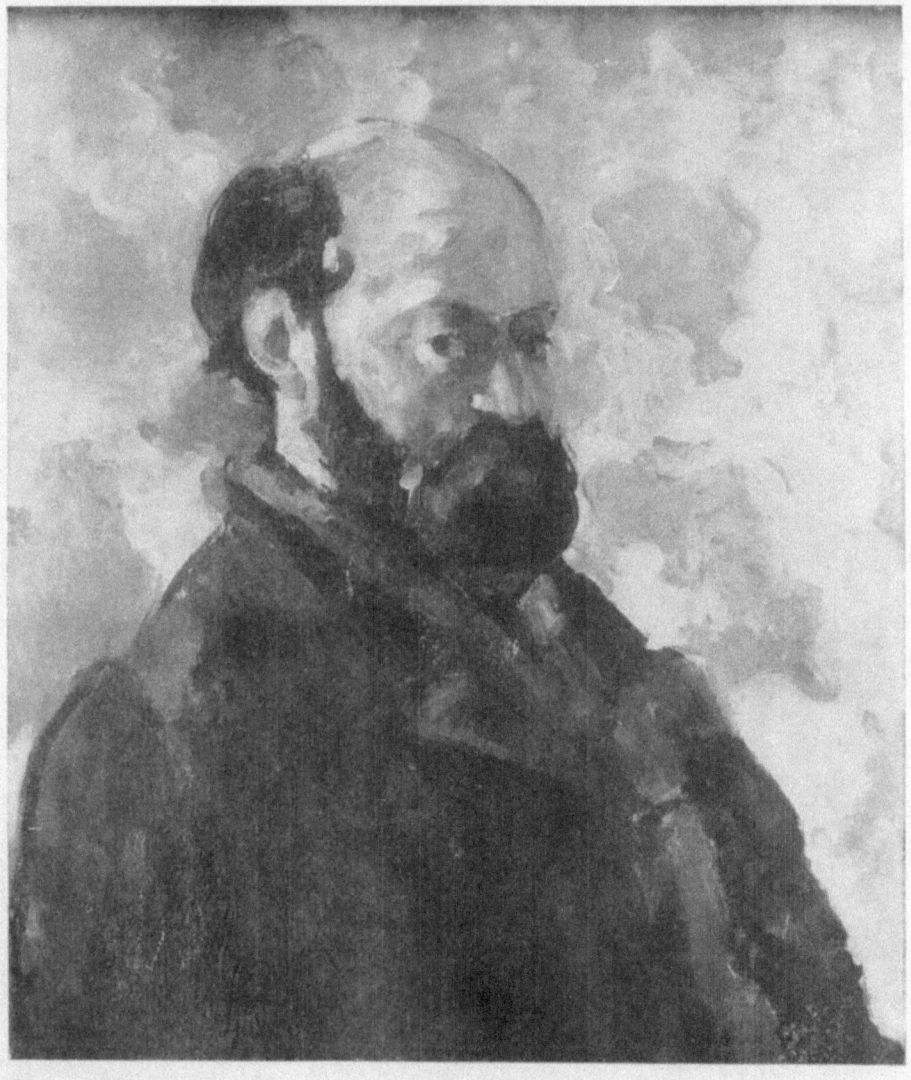

Phot. E. Druet, Paris.

Paul Cézanne   Selbstporträt (Abb. 69)

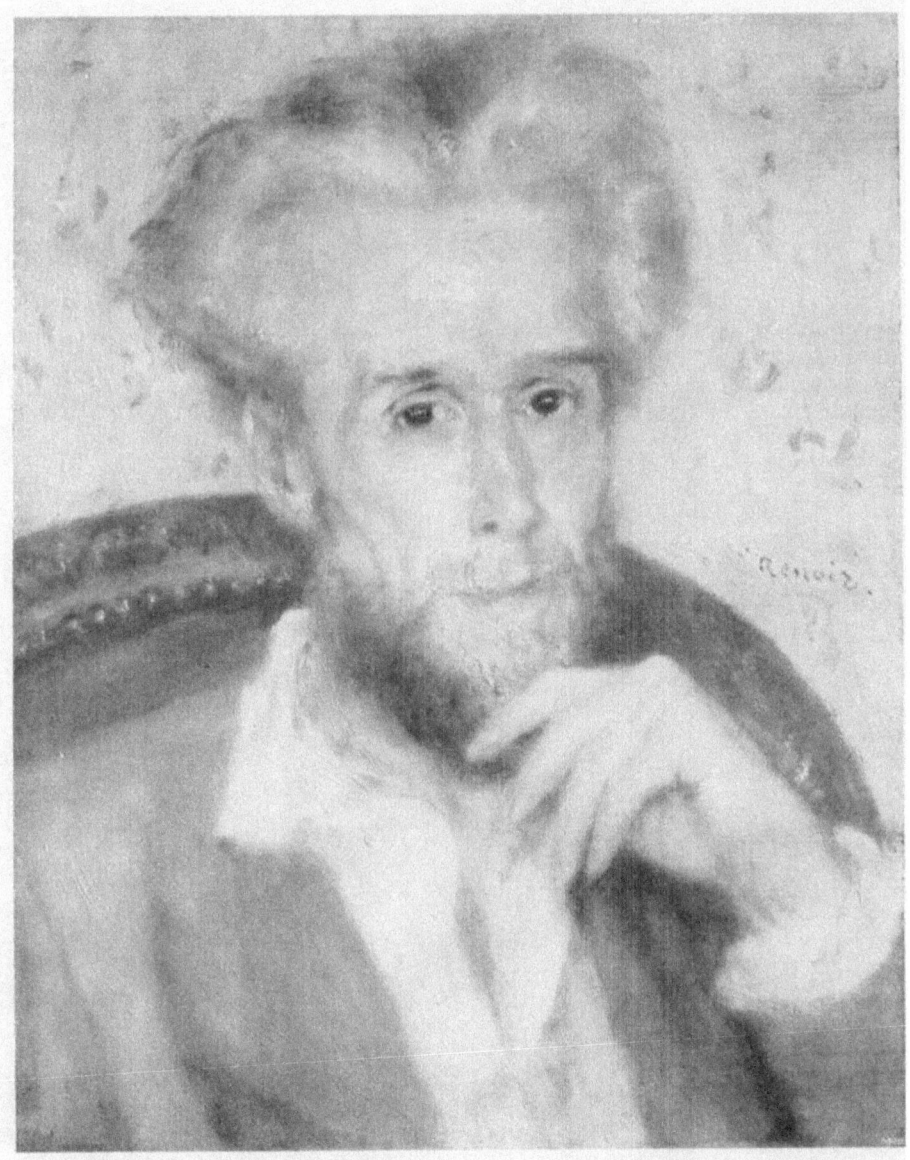

Auguste Renoir — Porträt des Herrn Choquet (Abb. 70)
Phot. Durand-Ruel, Paris

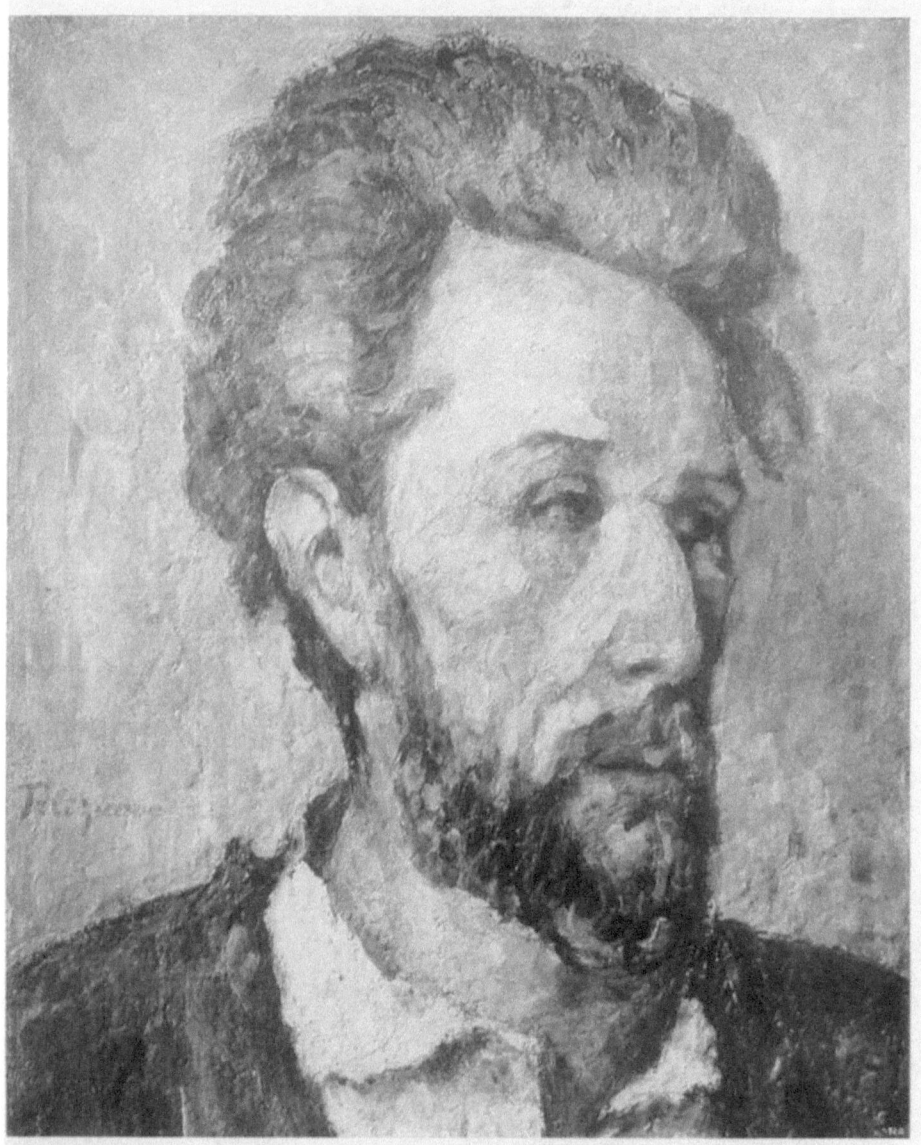

Phot. E. Druet, Paris
Paul Cézanne, Paris

Porträt des Herrn Choquet (Abb. 71)

Abb. 72

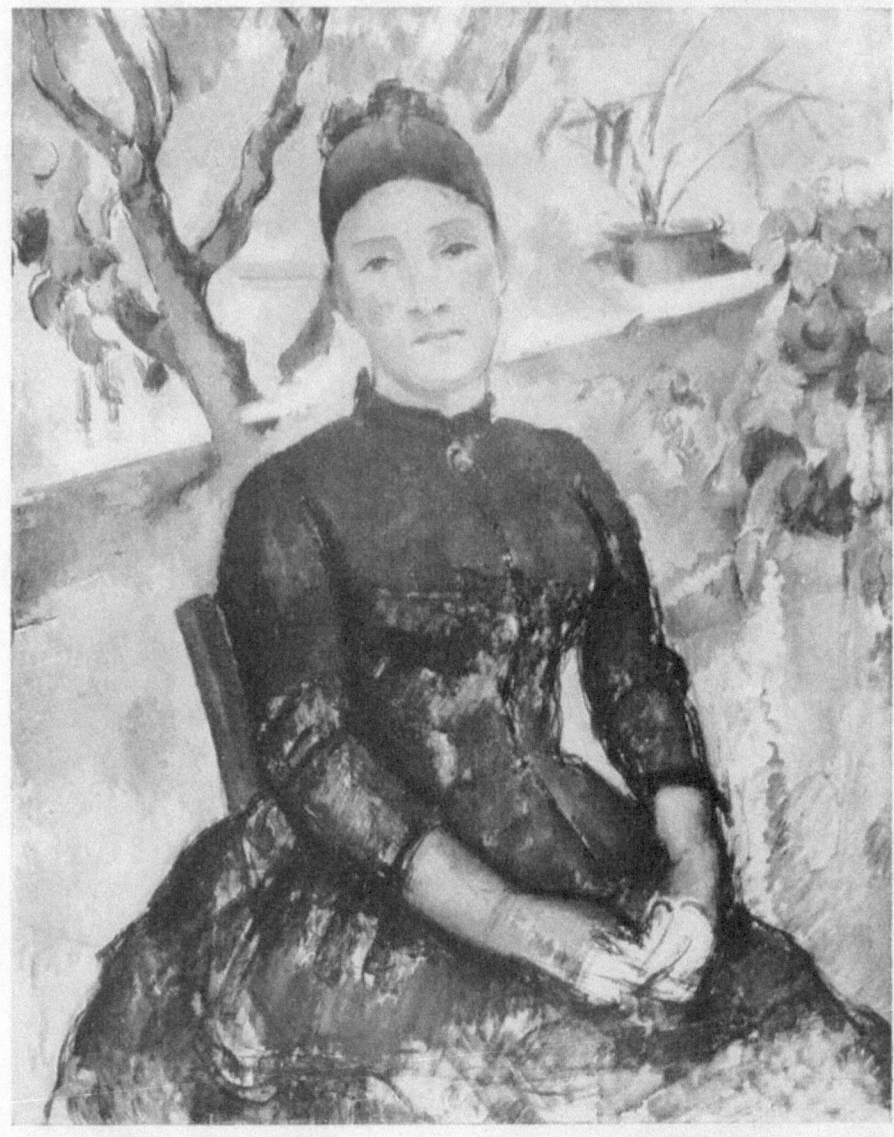

Paul Cézanne   Bildnis seiner Gattin (Abb. 72)

Abb. 73

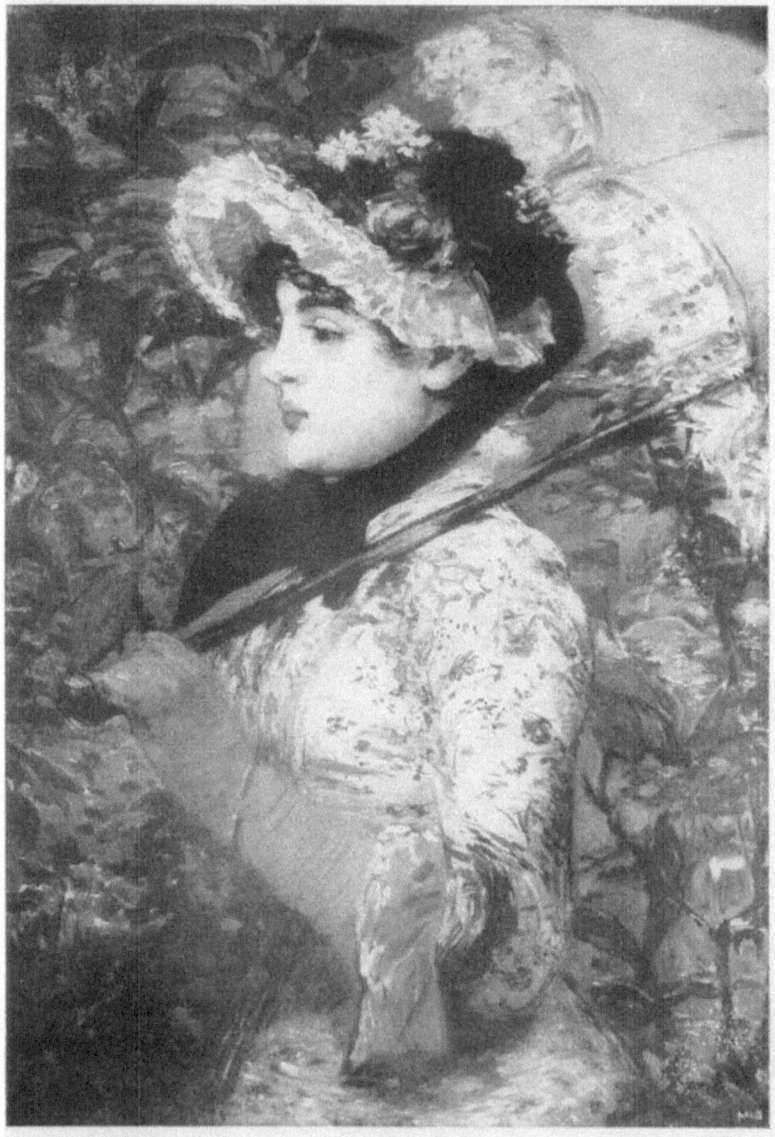

Phot. E. Druet, Paris
Edouard Manet   Porträt von Frau S. (Abb. 73)

Abb. 74

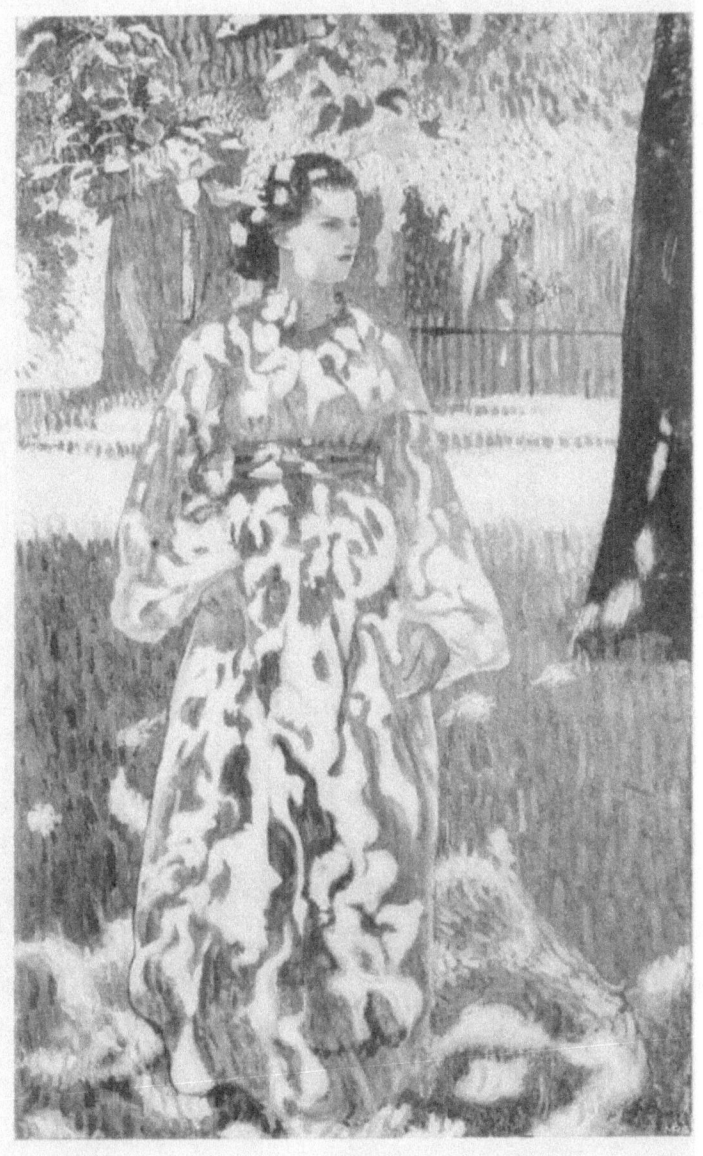

Cuno Amiet Sonnenflecken (Abb. 74)

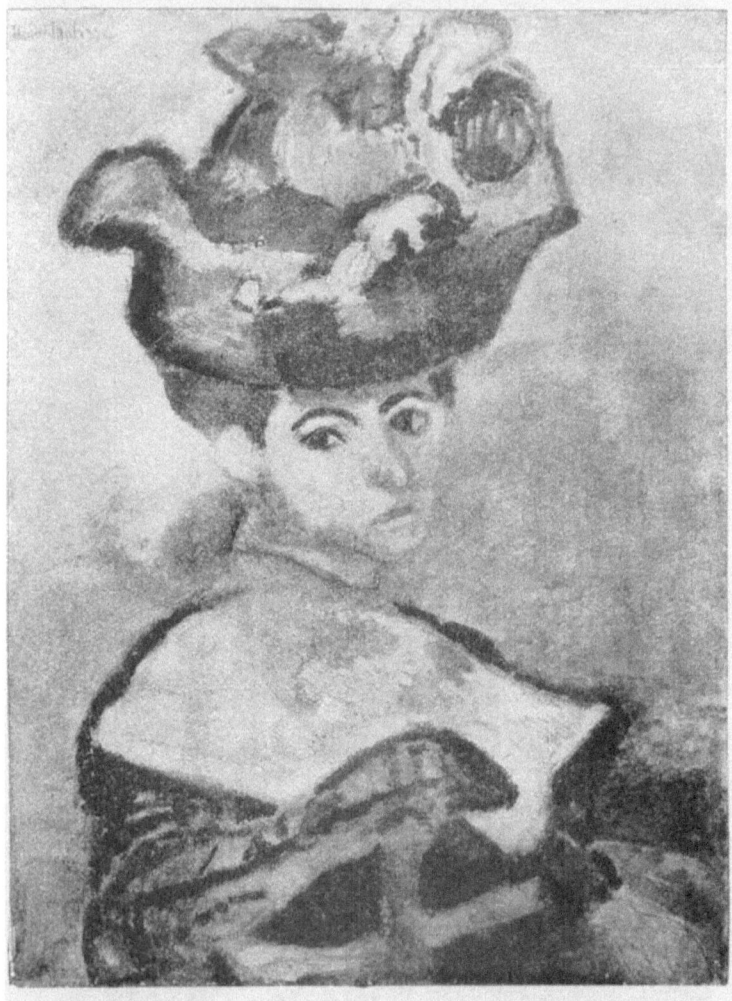

Henri Matisse Porträt einer Dame (Abb. 75)

Abb. 76

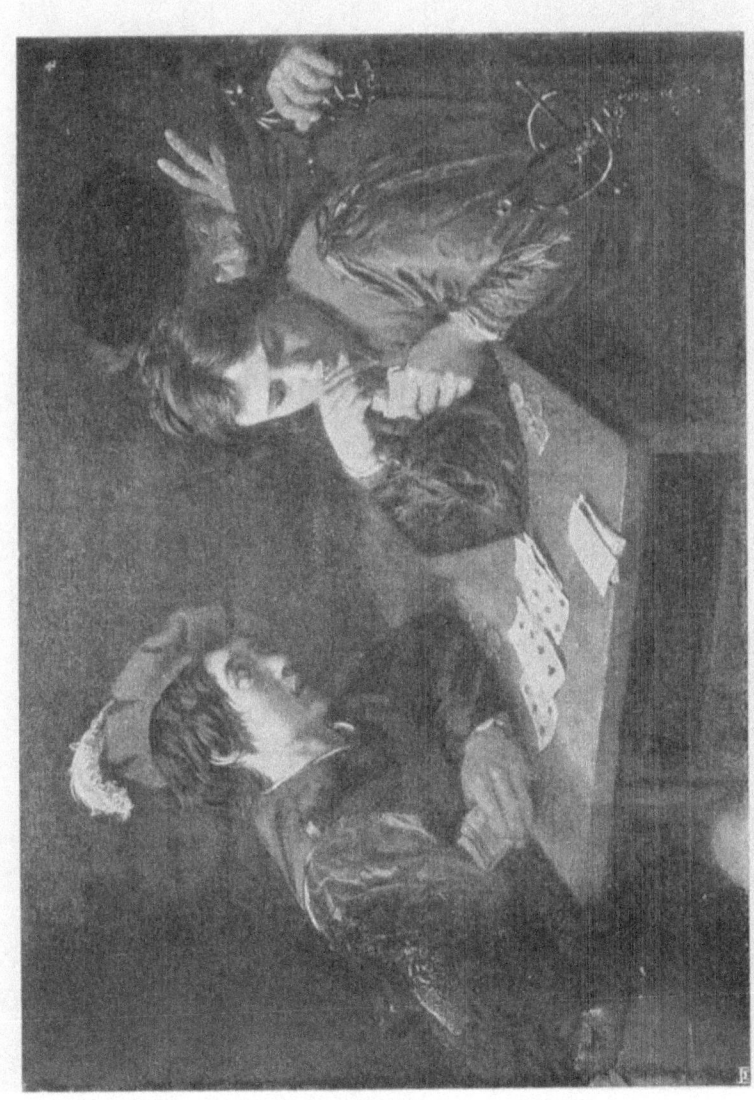

Franz Hanfstaengl, München, phot.

Caravaggio (Michelangelo Merisi)   Der Falschspieler (Abb. 76)

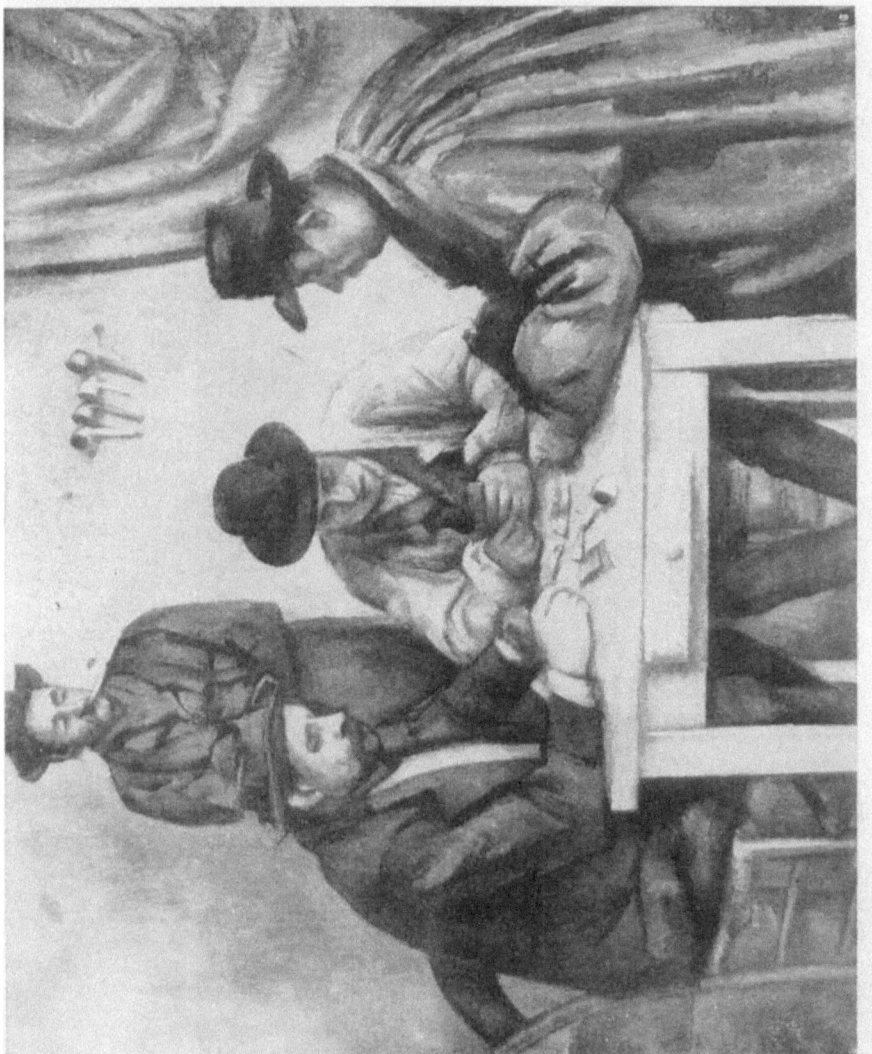

Paul Cézanne　　　Kartenspieler (Abb. 77)

Abb. 78

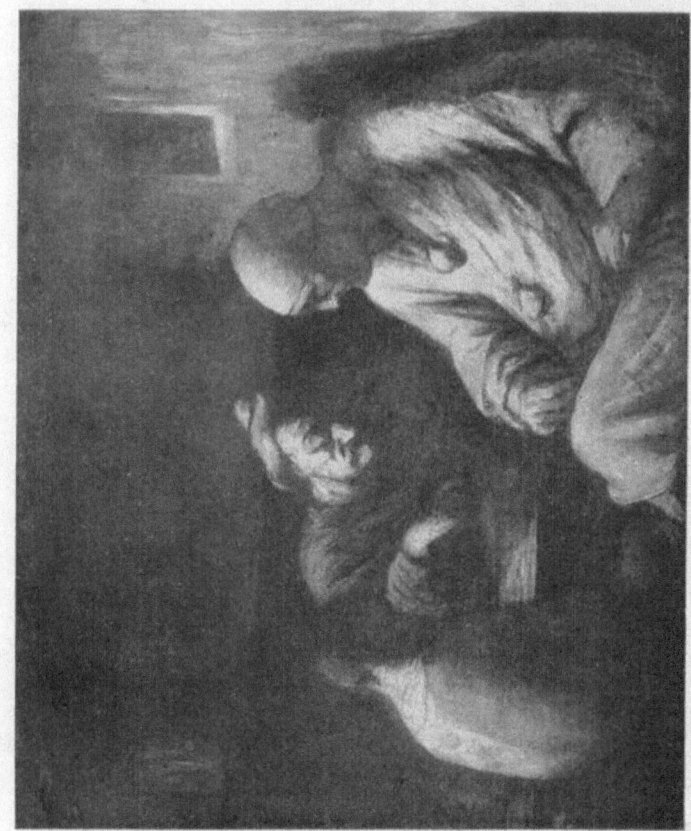

Phot. E. Druet, Paris

Abb. 79

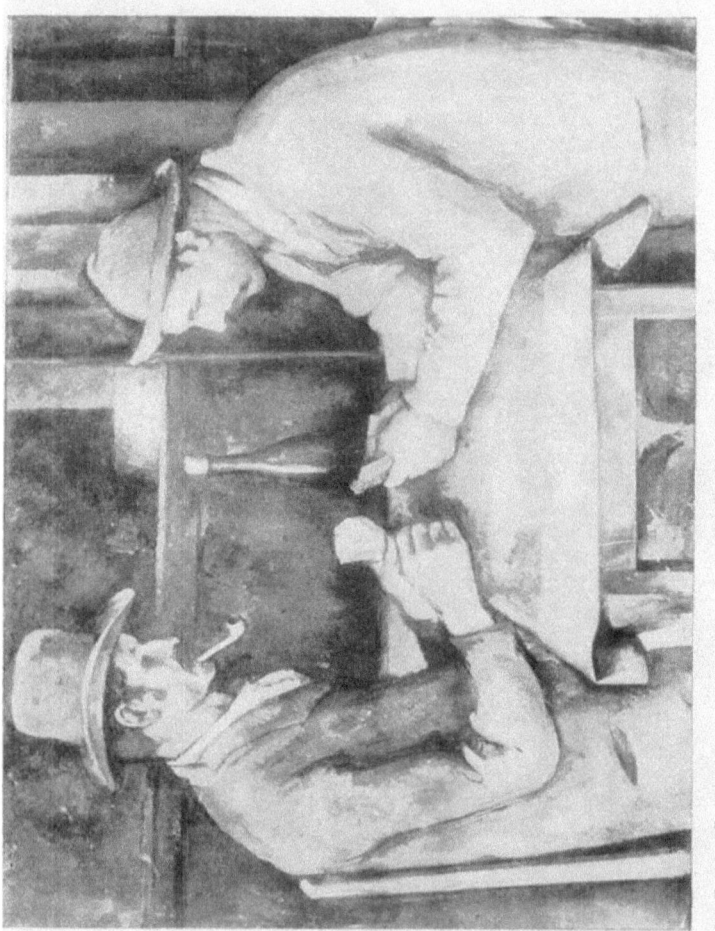

Aus Fechter, Der Expressionismus. Verlag R. Piper & Co., München

Paul Cézanne   Kartenspieler (Abb. 79)

Abb. 80

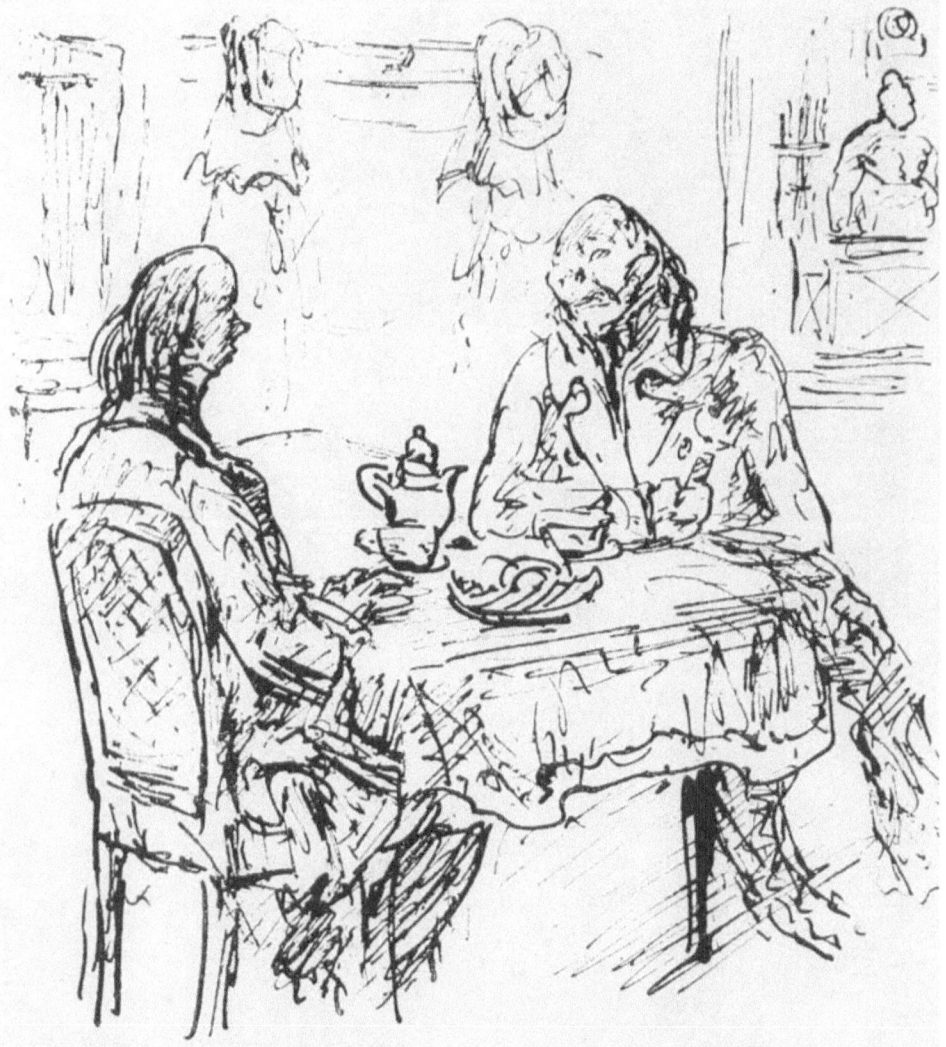

Verlag R. Piper & Co. München

Alfred Kubin — Zeichnung zu Dostojewskis Doppelgänger (Abb. 80)

Abb. 81

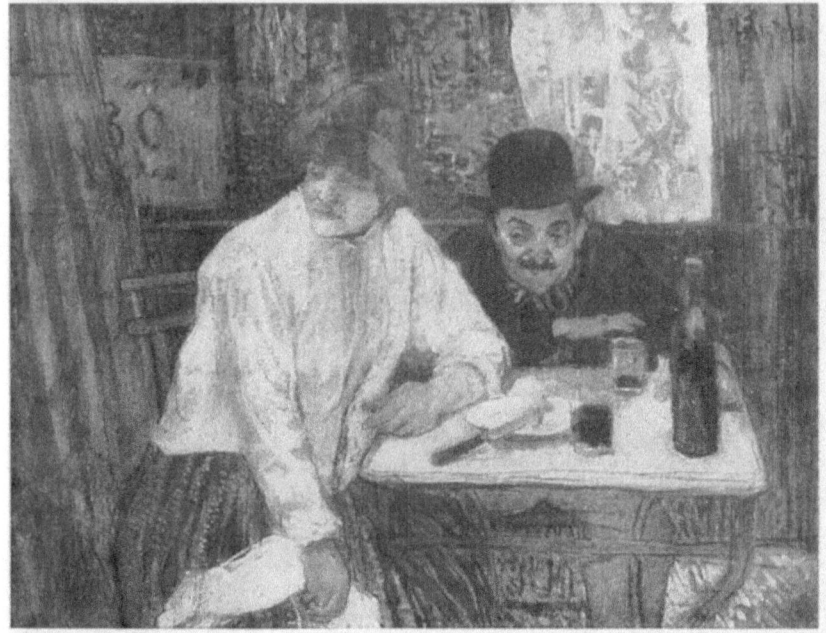

Phot. E. Druet, Paris Galerie Bernheim jeune

H. de Toulouse-Lautrec Der Freund (Abb. 81)

Abb. 82

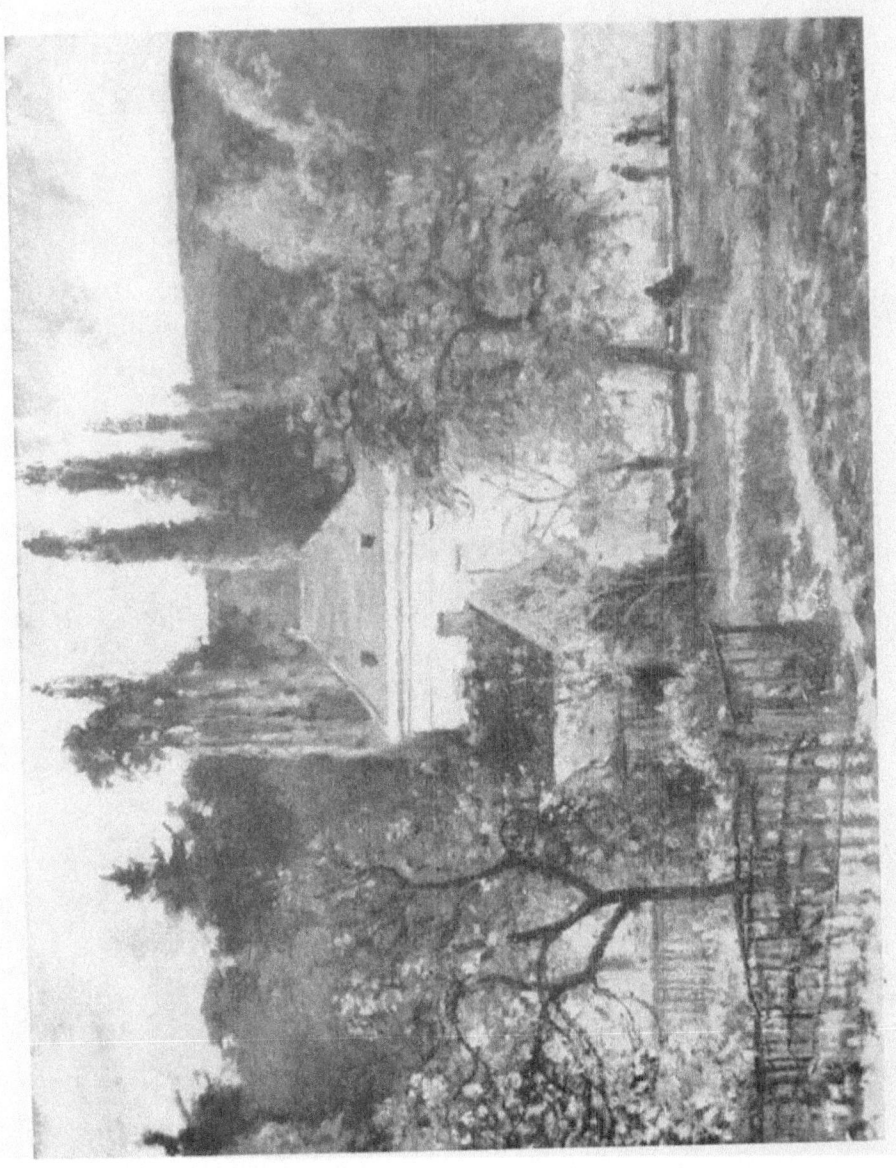

Camille Pissarro — Landhäuser (Abb. 82)

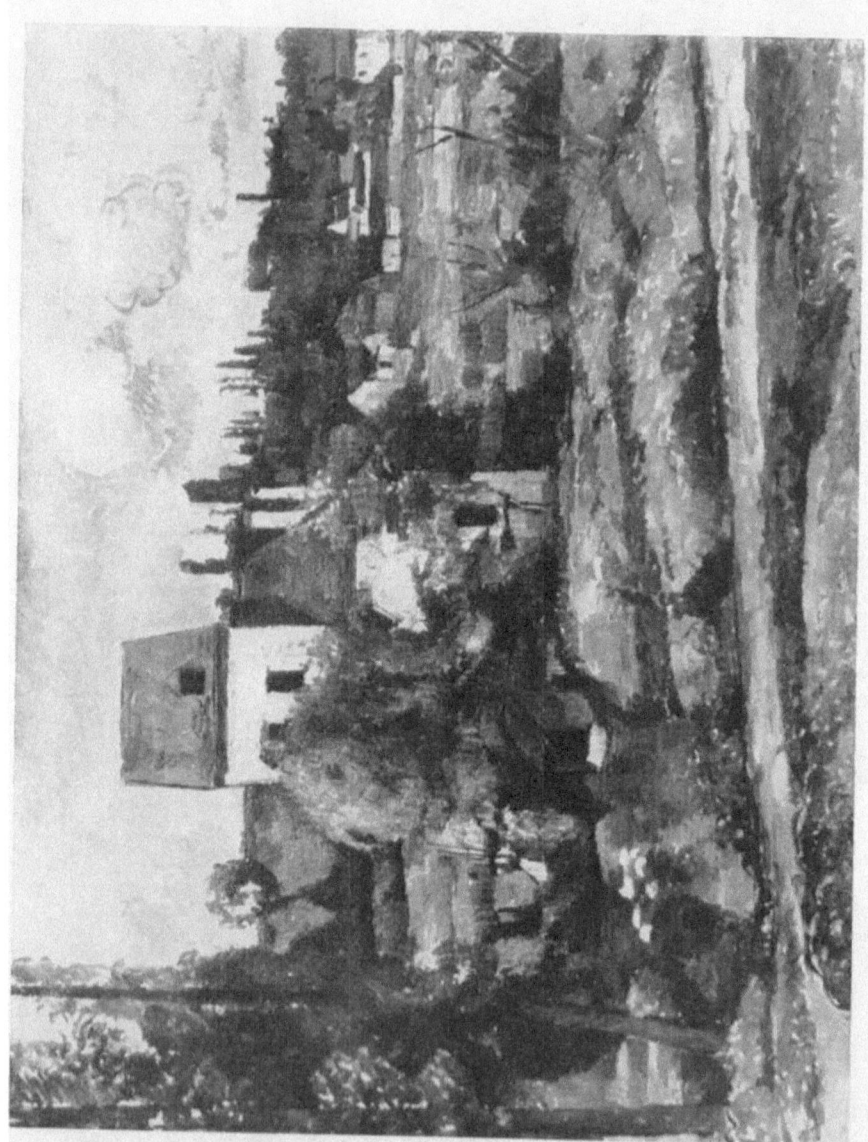

Paul Cézanne　　Landschaft (Abb. 83)

Abb. 84/85

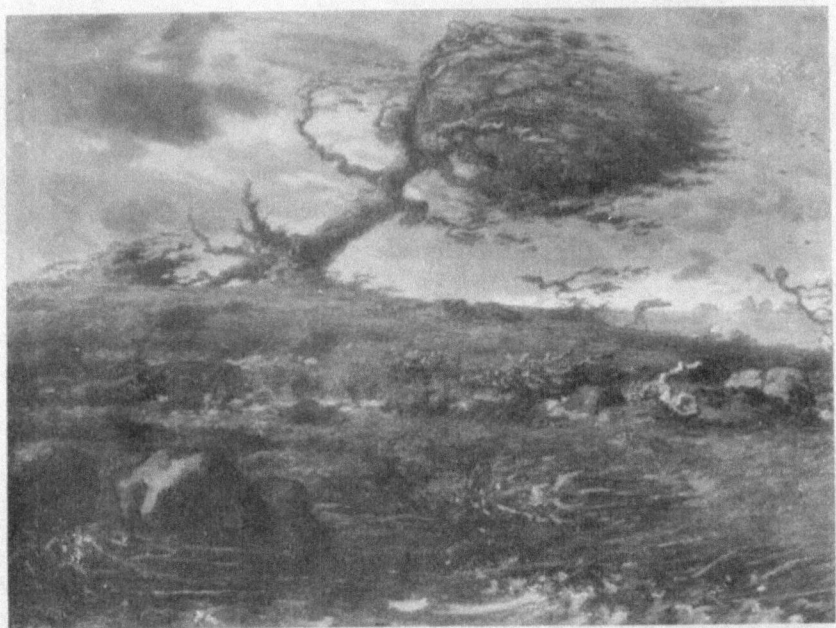

Phot. E. Druet, Paris
Jean François Millet — Die Eiche und das Schilfrohr (Abb. 84)

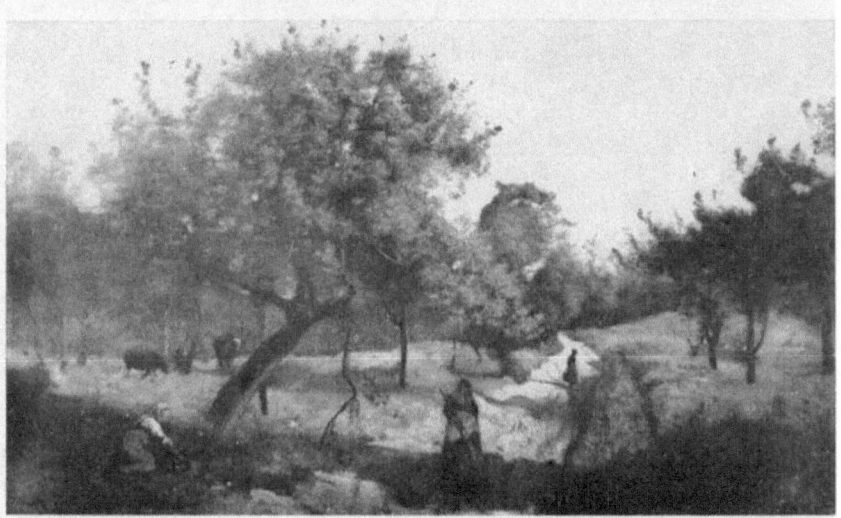

Phot. Durand-Ruel, Paris
Camille Corot — Landschaft (Abb. 85)

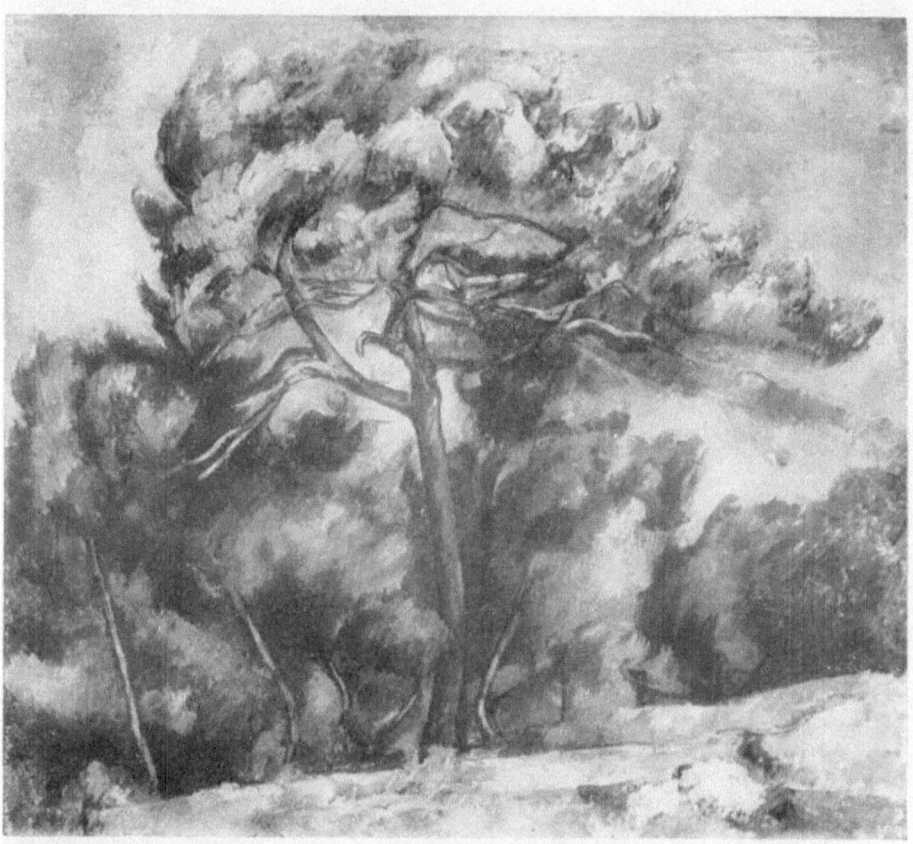

Abb. 86

Phot. E. Druet, Paris

Paul Cézanne   Eiche im Sturm (Abb. 86)

Abb. 87

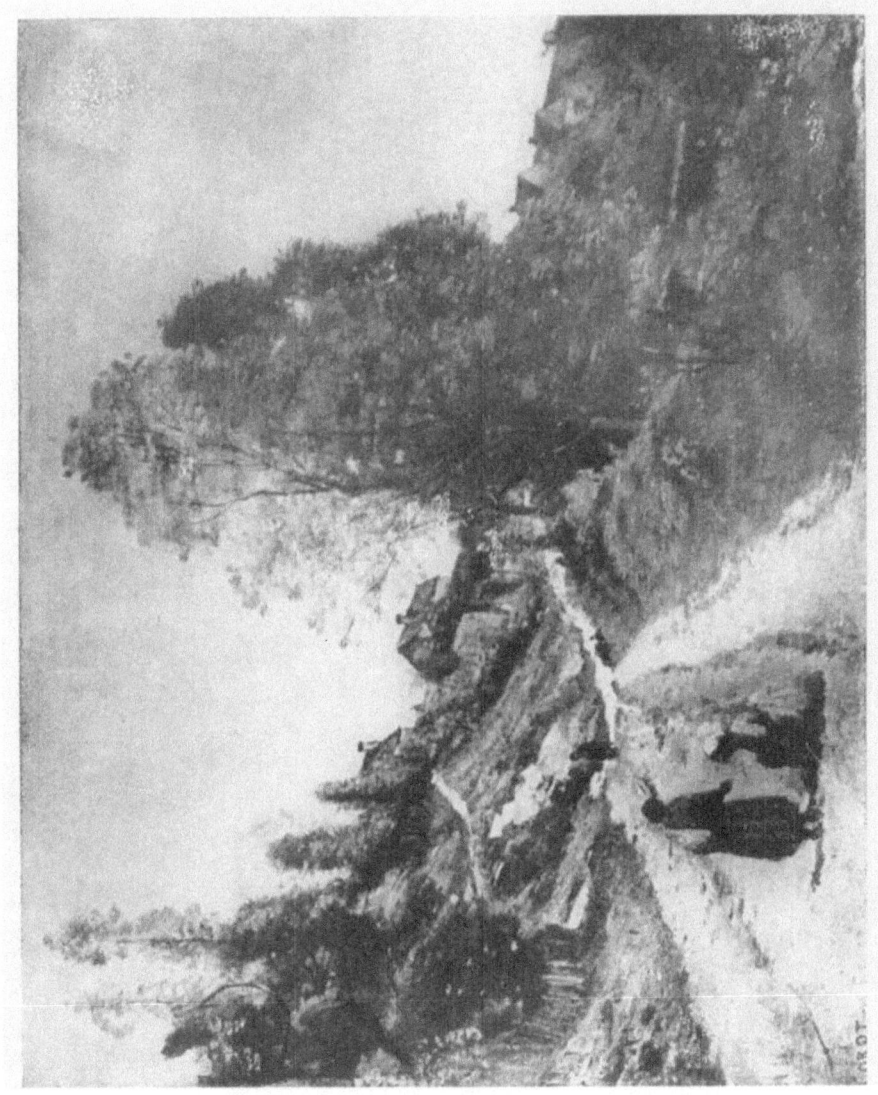

Camille Corot — Der steile Weg (Abb. 87)

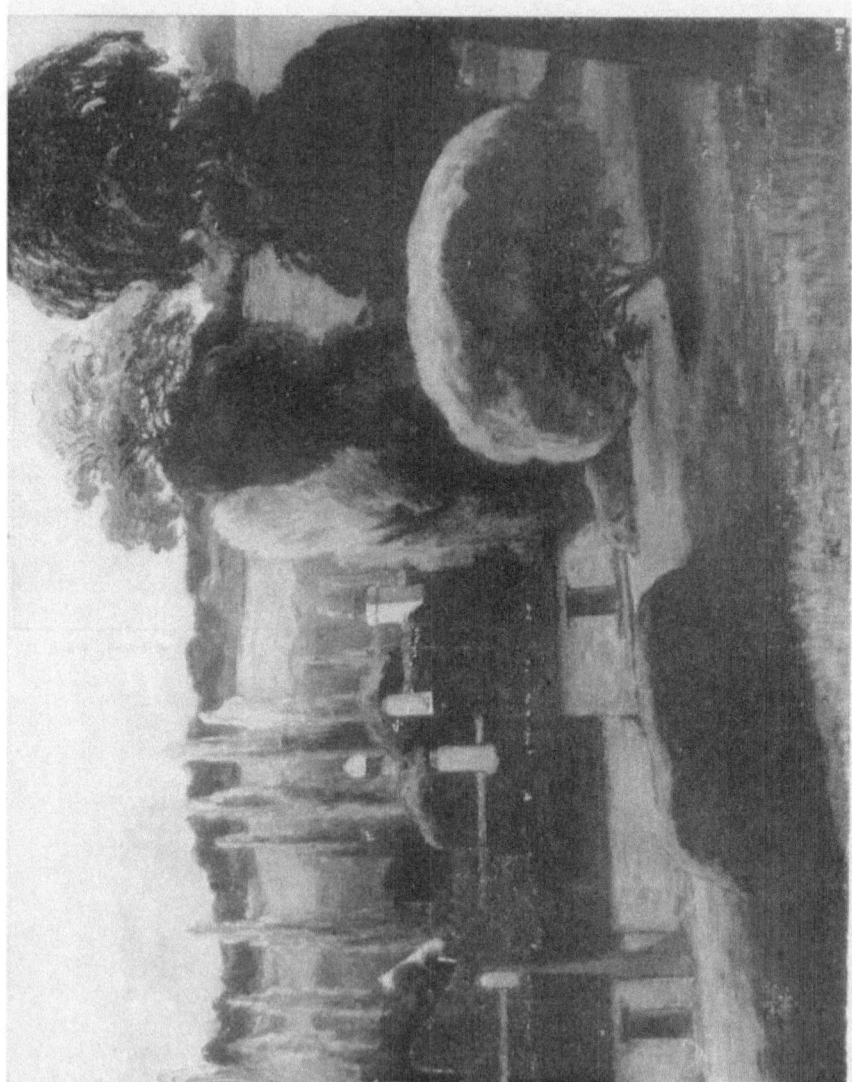

Abb. 88

Paul Gauguin Landschaft (Abb. 88)
Prof. E. Druet, Paris

Abb. 89

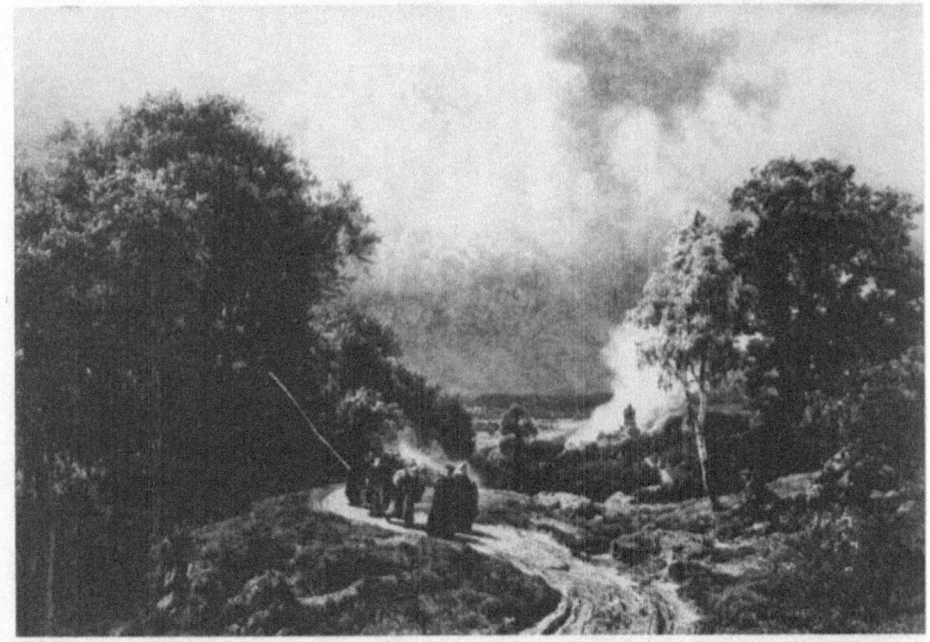

Carl Friedrich Lessing   Der Klosterbrand (Abb. 89)

Abb. 90

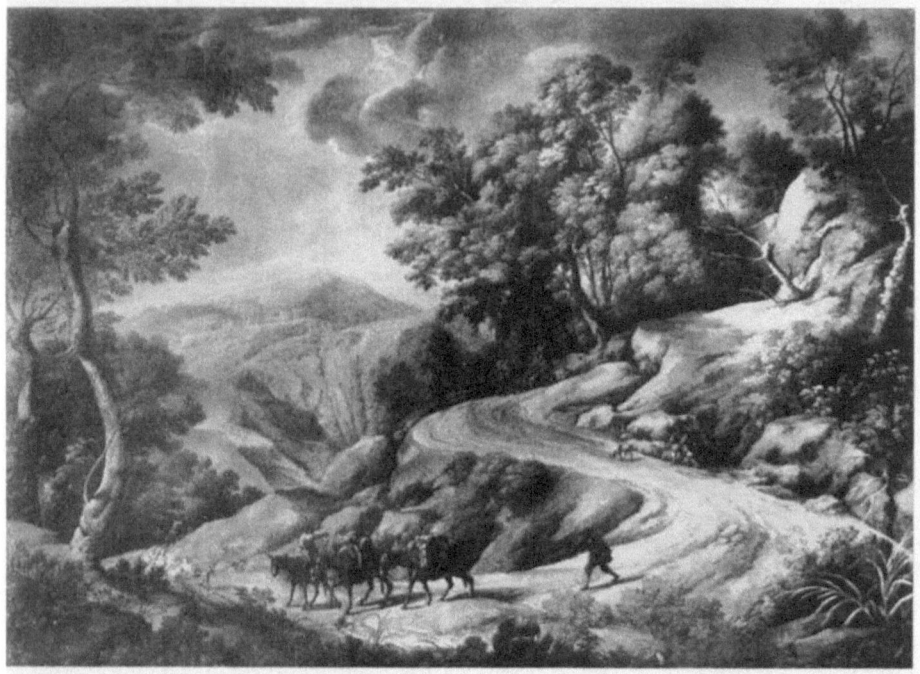

Nicolas Poussin Landschaft (Abb. 90)

Abb. 91/92

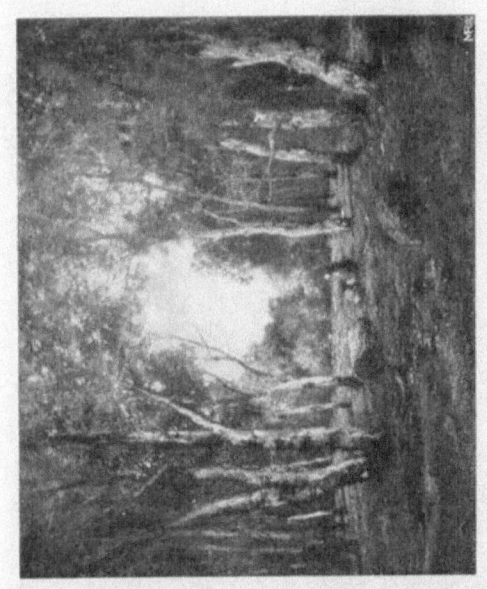
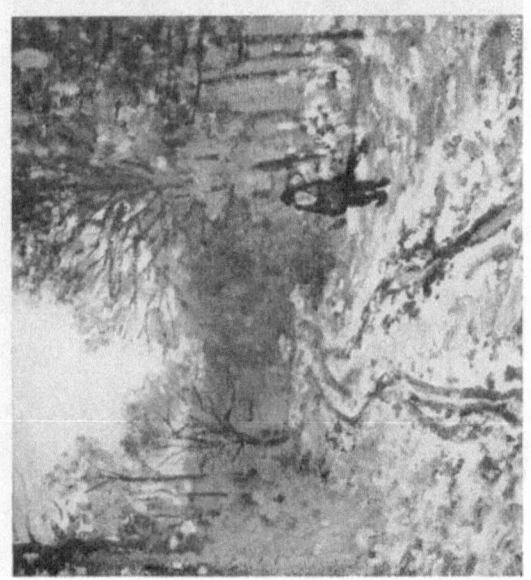

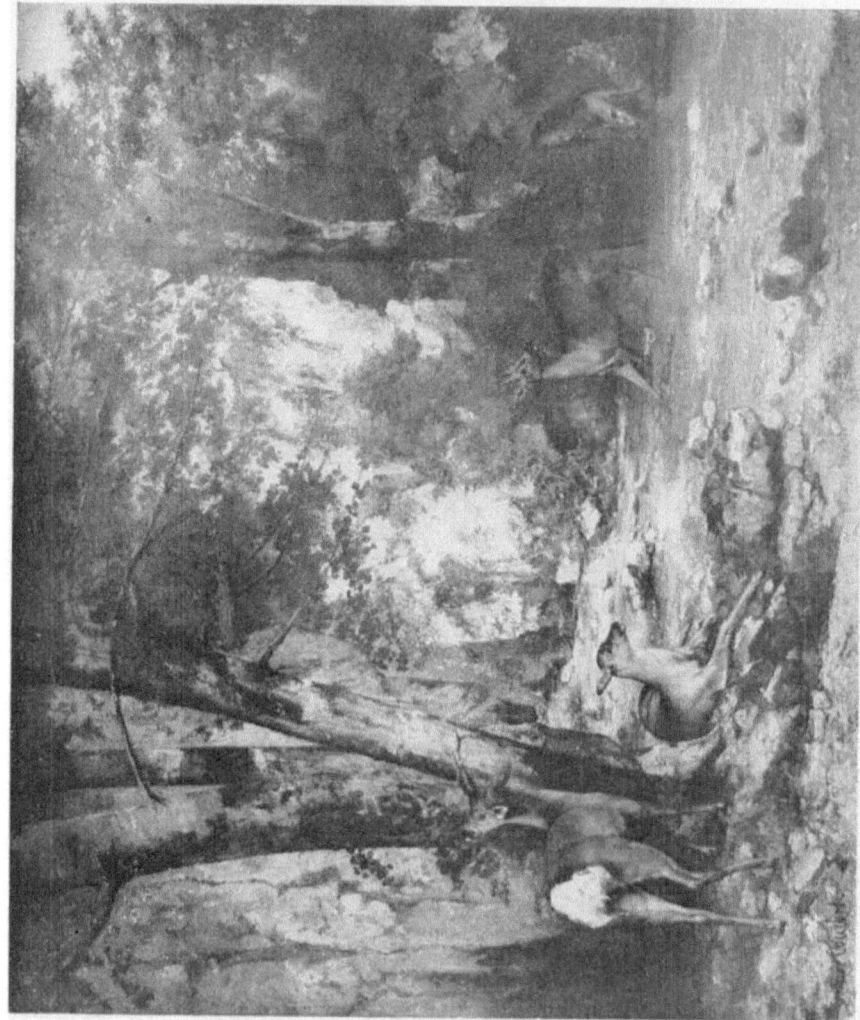

Gustave Courbet — Rehe im Versteck (Abb. 93)

Abb. 94

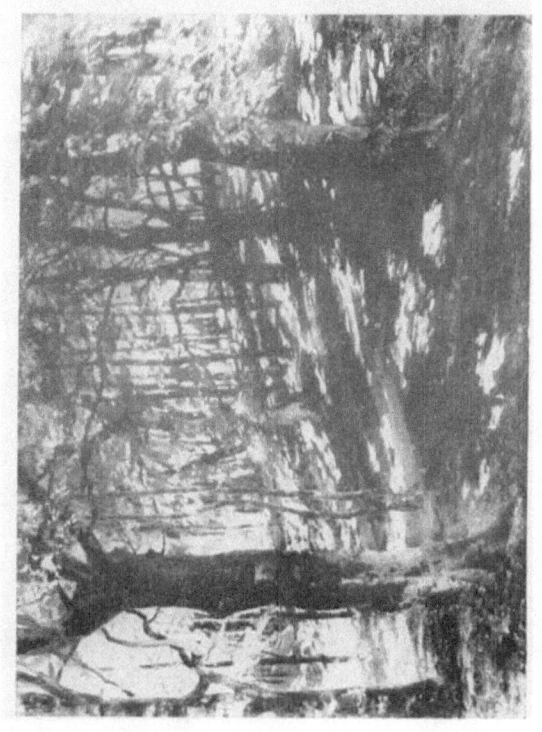

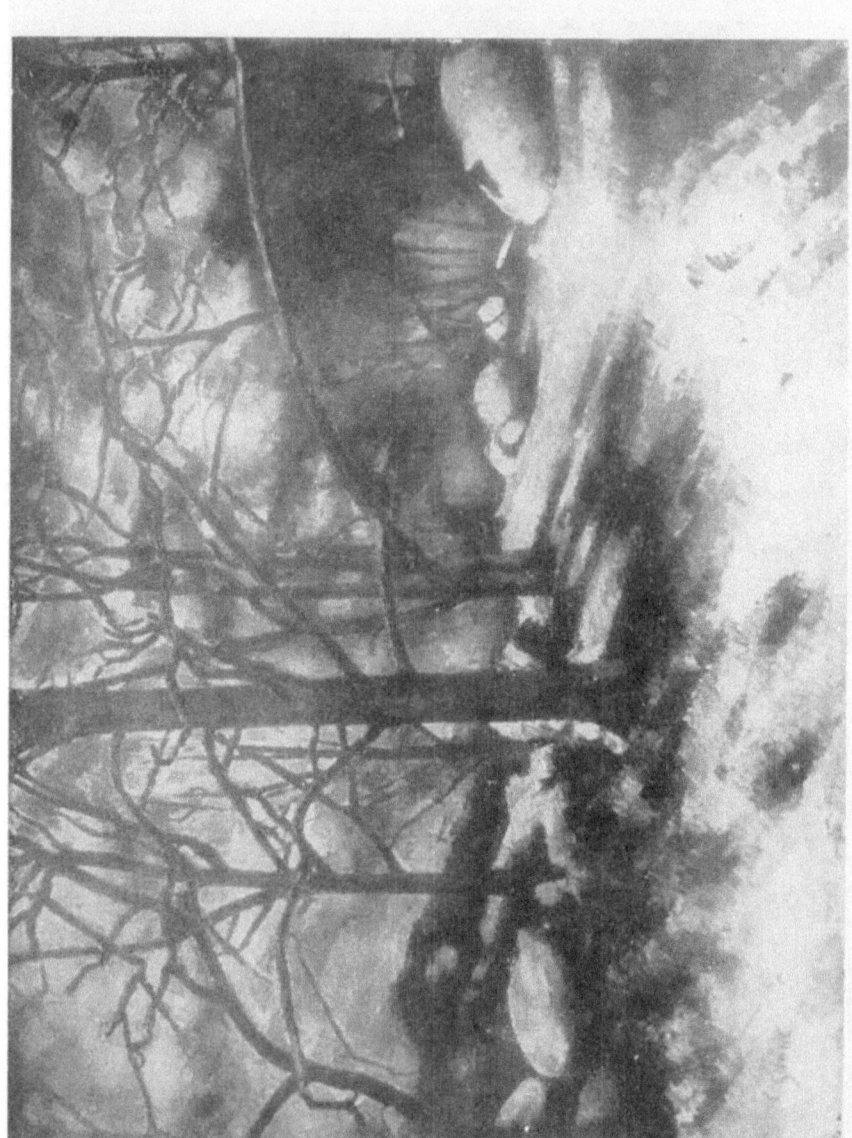

Phot. E. Druet, Paris Abb. 95
Paul Cézanne. Schneeschmelze (Abb. 95)

Abb. 96

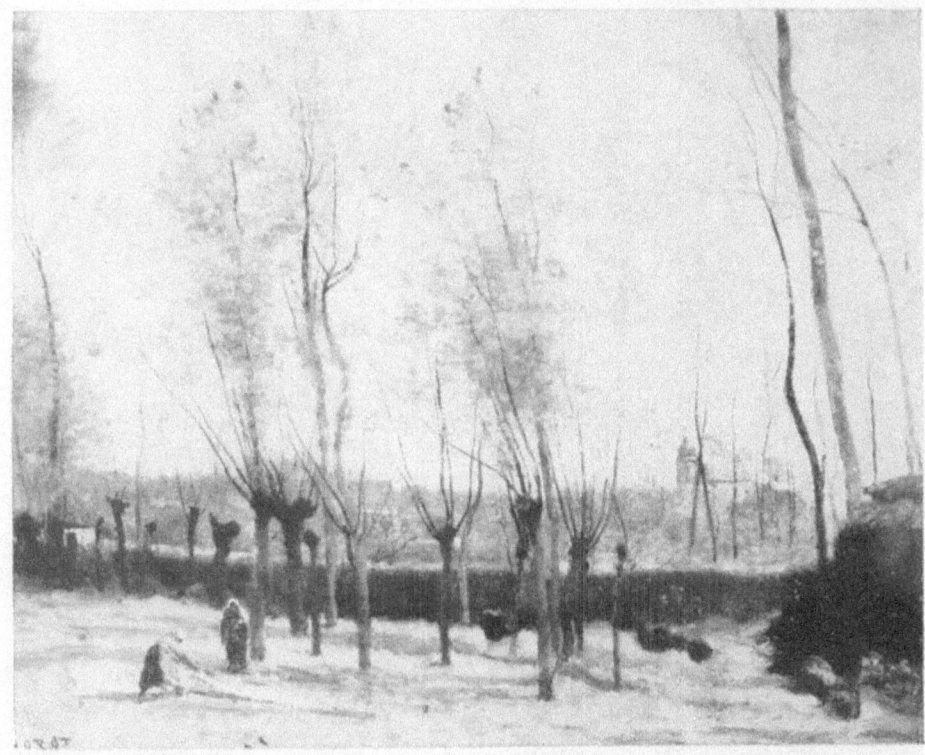

Phot. Durand-Ruel, Paris

Camille Corot　　　　　　　　　　　　　　　　Landschaft in Artois (Abb. 96)

Abb. 97

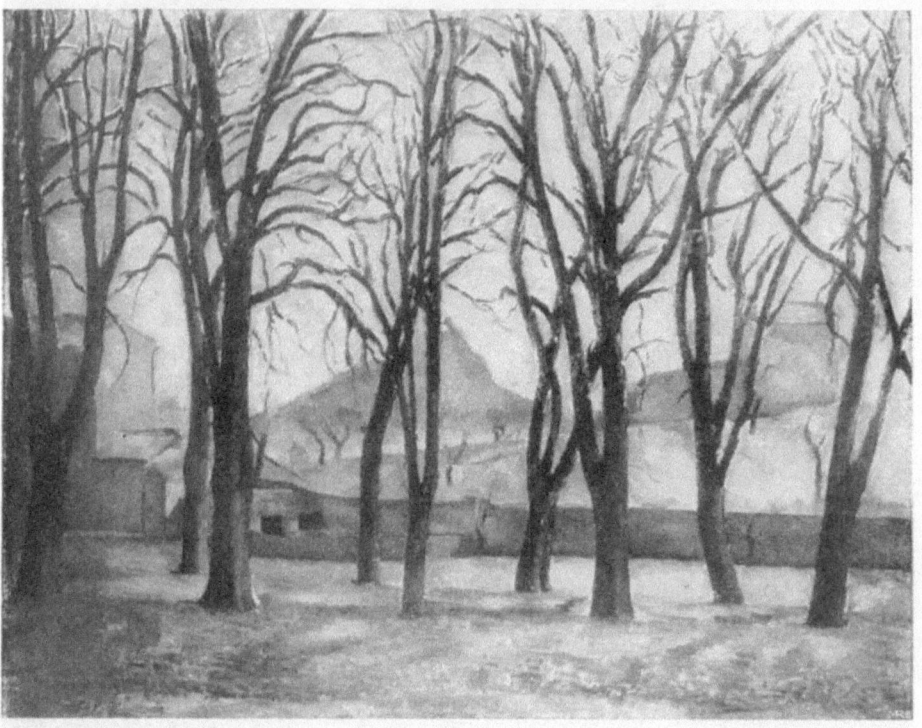

Phot. E. Druet, Paris

Paul Cézanne					Die Pappeln (Abb. 97)

Abb. 98/99

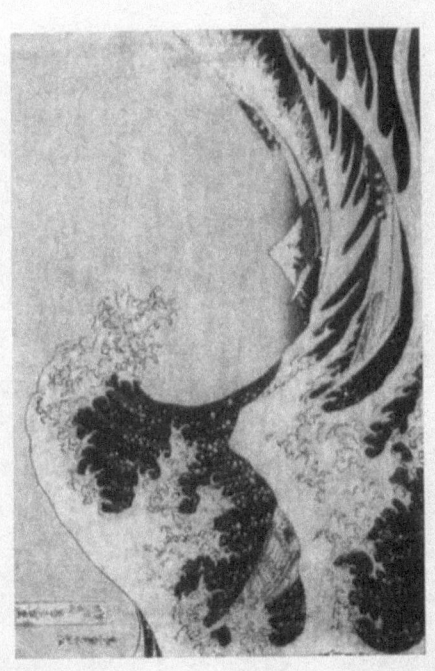

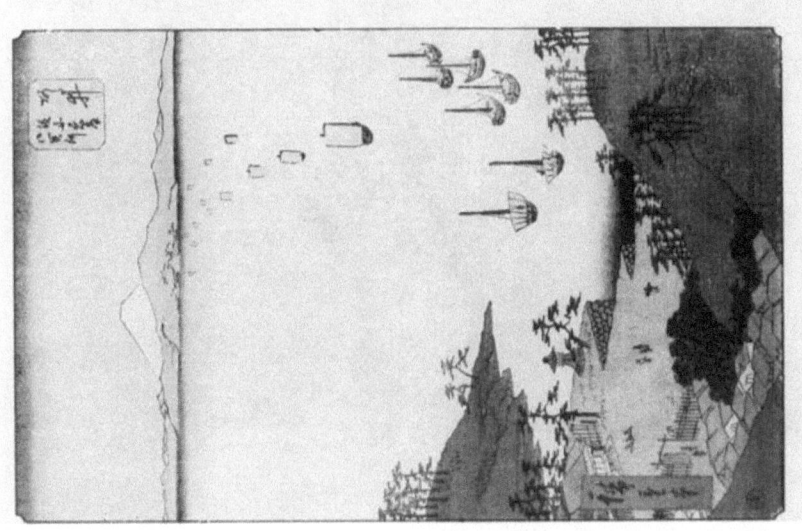

Ansicht des Fusij (Abb. 98)   Hokusai

Seelandschaft (Abb. 99)   Hiroshige

Abb. 100

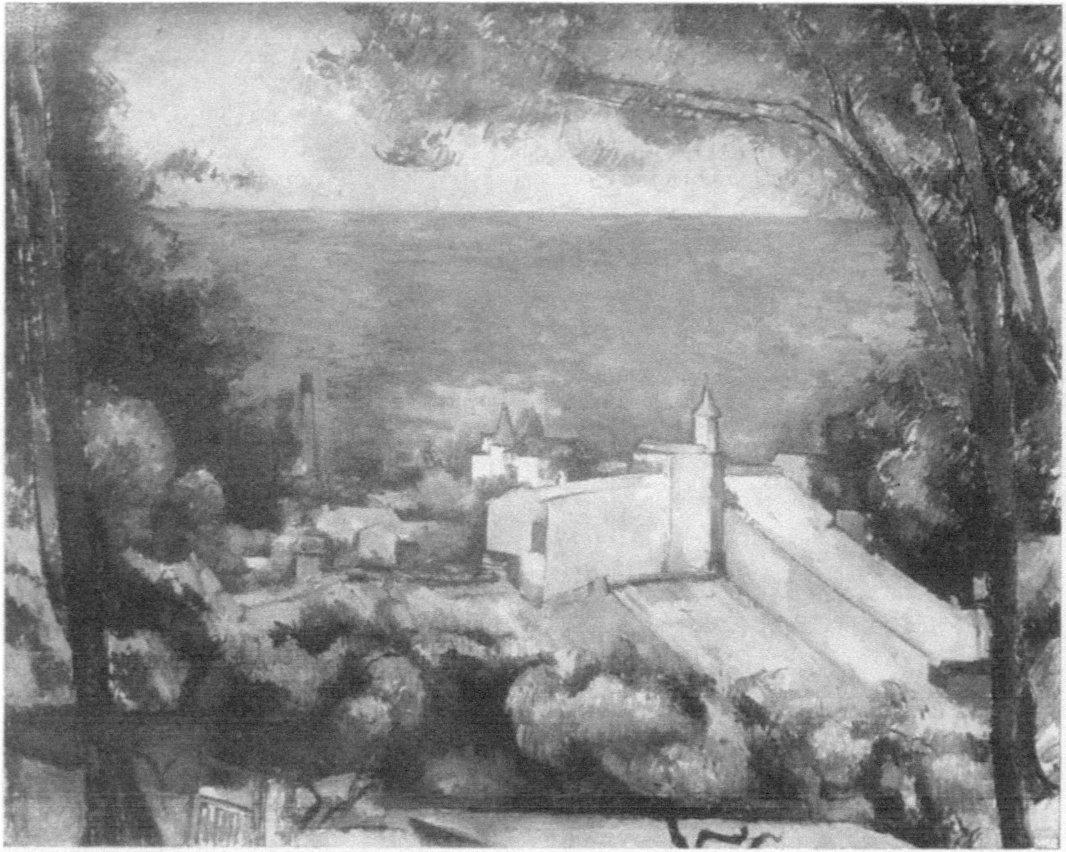

Paul Cézanne　　　　　　　　　　　　　　Seelandschaft (Abb. 100)

Abb. 101

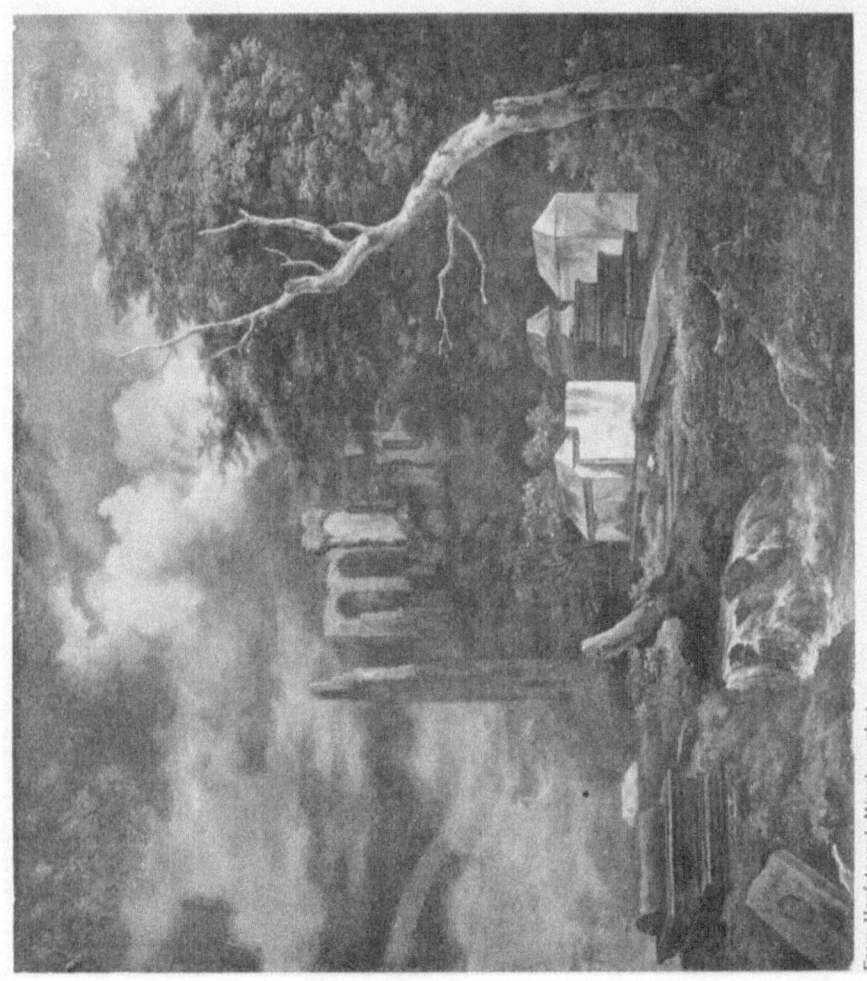

Ruijsdael, Judenfriedhof (Abb. 101)

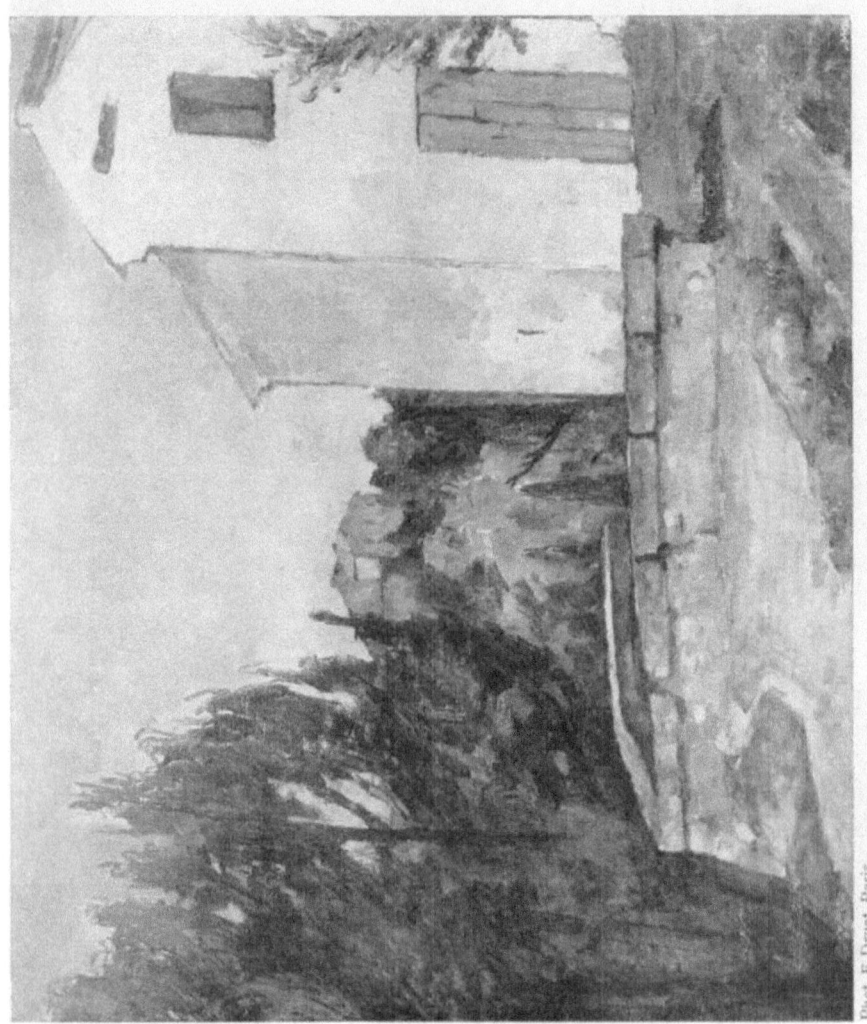

Paul Cézanne Haus des Gehängten (Abb. 102)

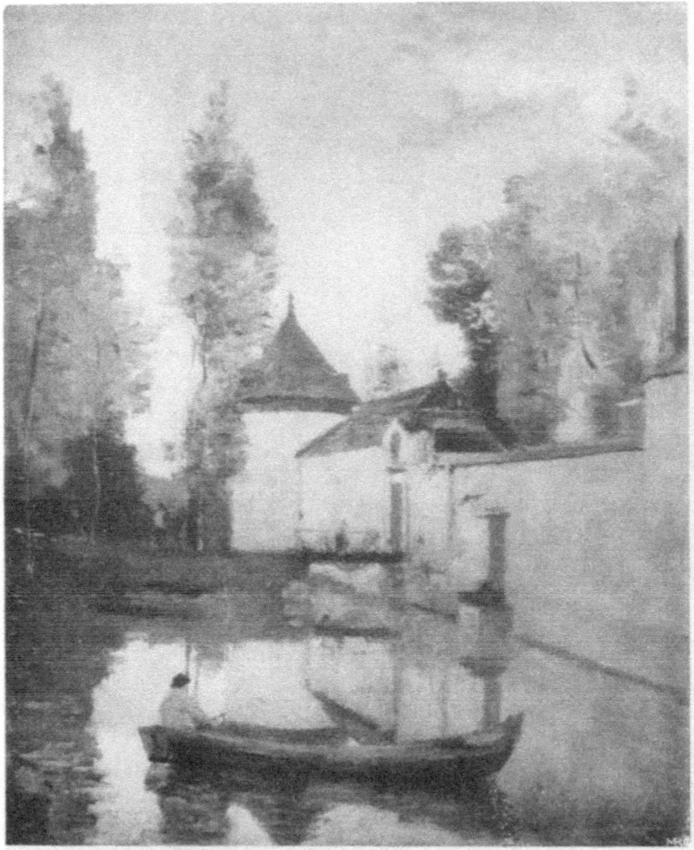

Abb. 103/104

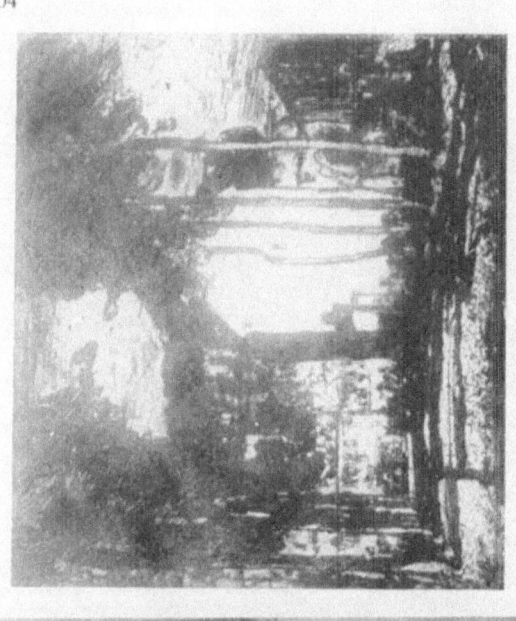

Phot Ad Braun & Co., Dornach i. E.

Camille Corot   Château de Beaune-La-Rolande (Abb. 104)   Frank W. Brangwyn   Vorstadthäuser (Abb. 103)

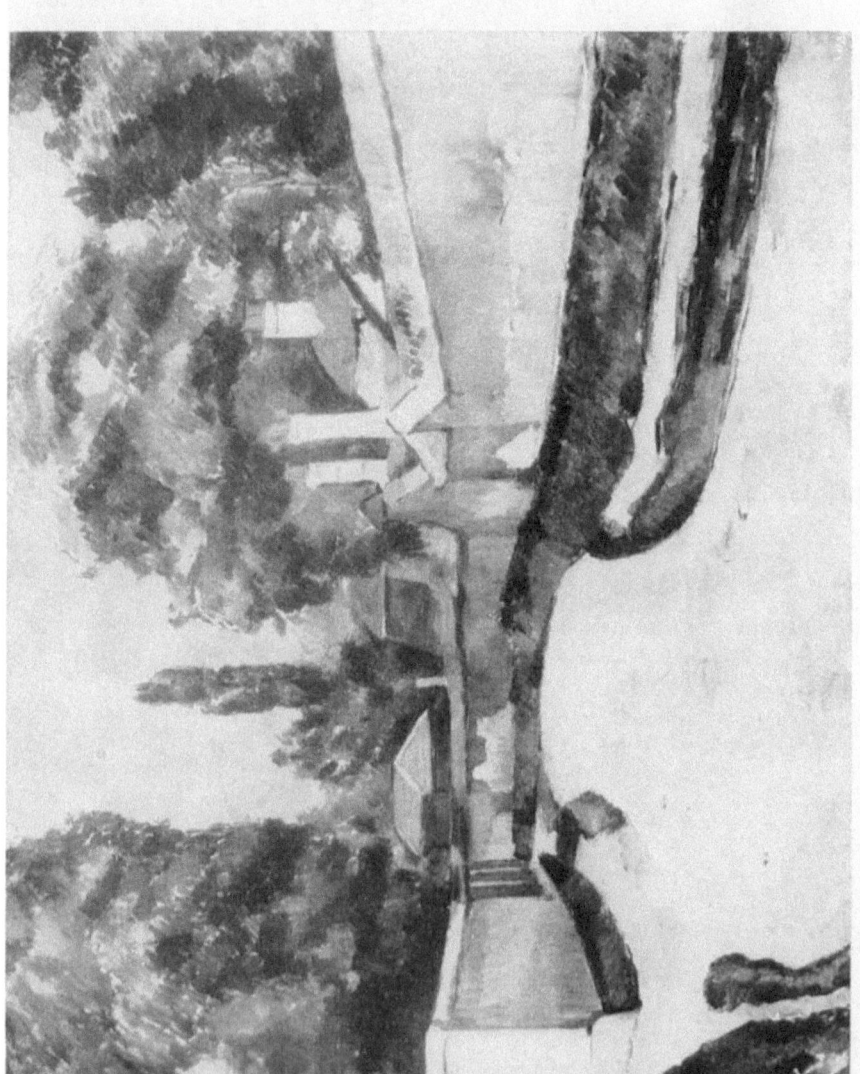

Paul Cézanne Wegbiegung (Abb. 105)

Abb. 106

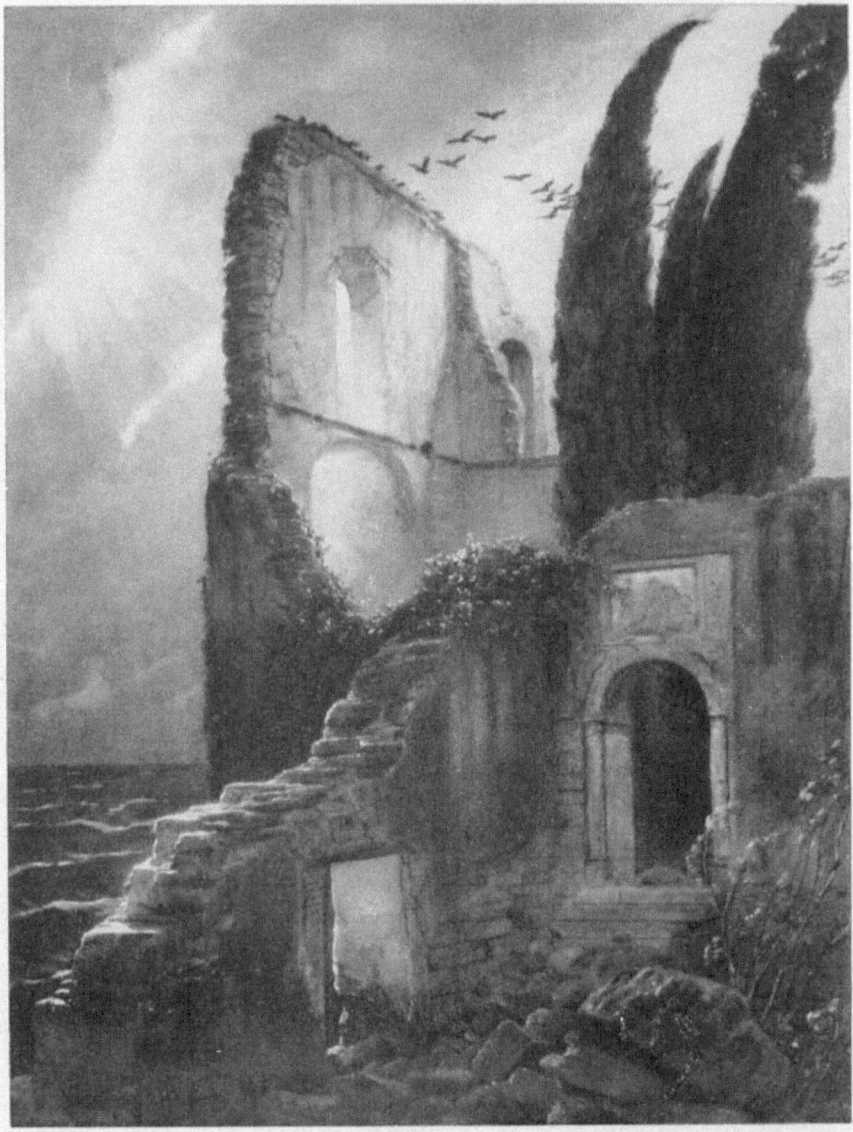

Mit Genehmigung der Photographischen Union, München

Arnold Böcklin						Ruine am Meer (Abb. 106)

Abb. 107

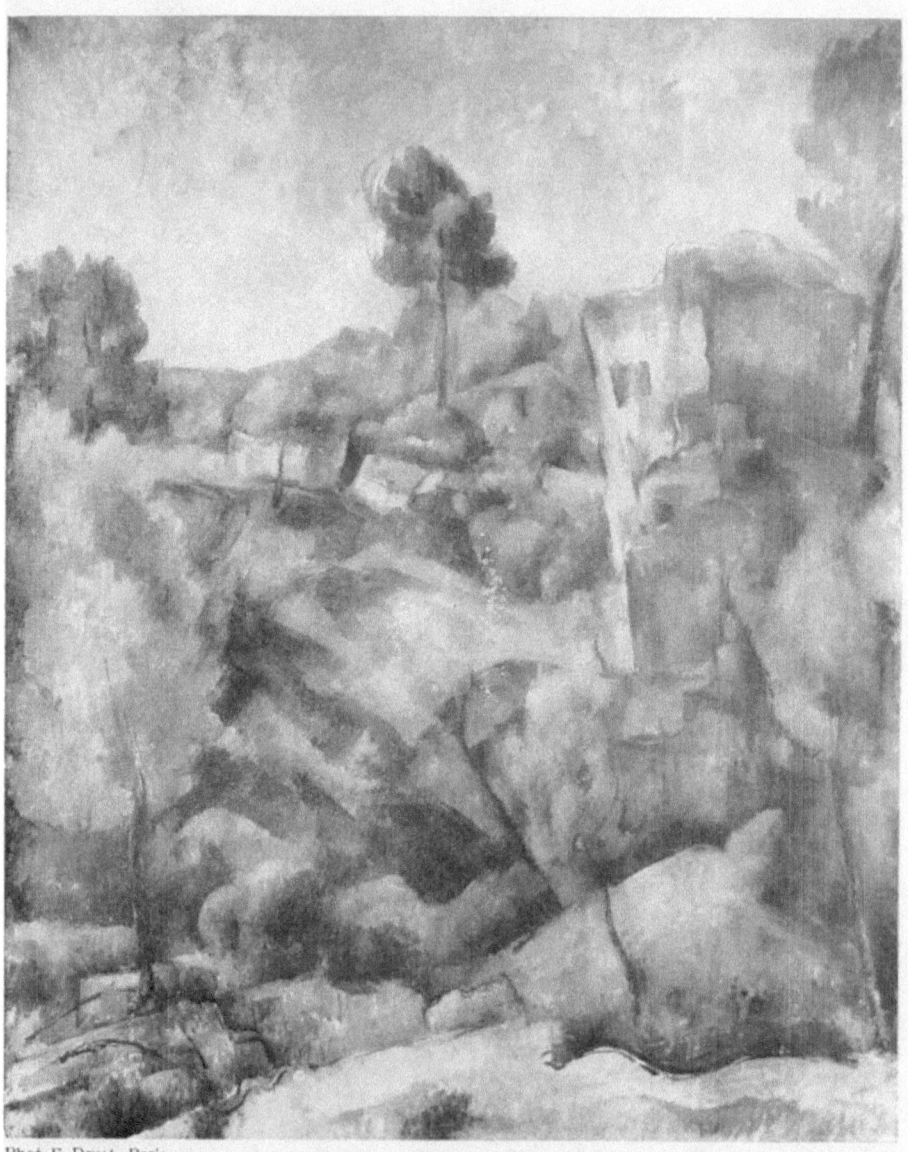

Phot. E. Druet, Paris
Paul Cézanne Landschaft bei Peyrières (Abb. 107)

Abb. 108

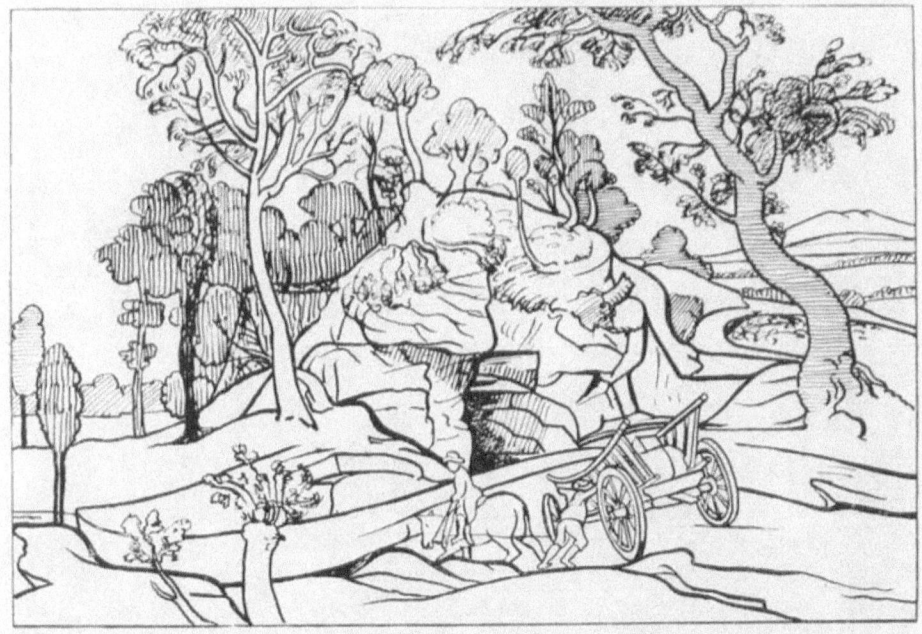

Nach Rubens   Der fallende Wagen (Abb. 108)

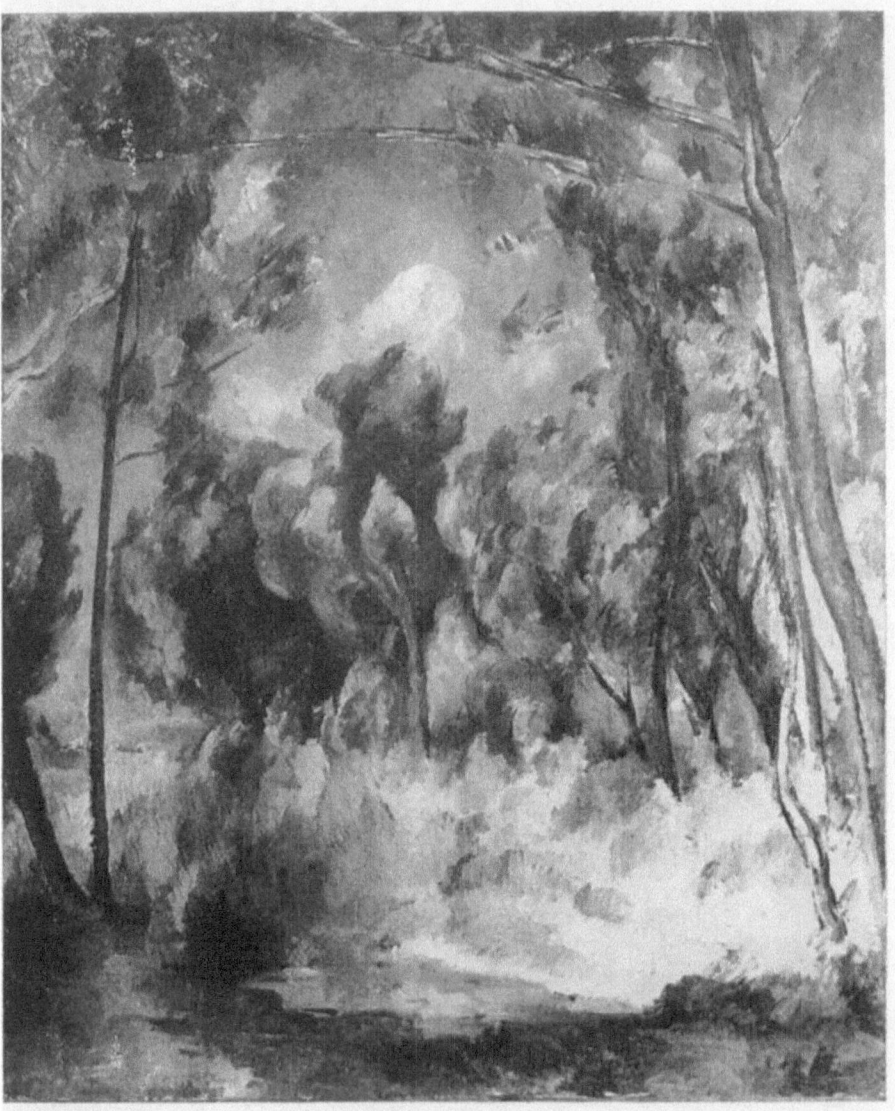

Phot. E. Druet, Paris

Paul Cézanne — Waldlichtung (Abb. 109)

Abb. 110

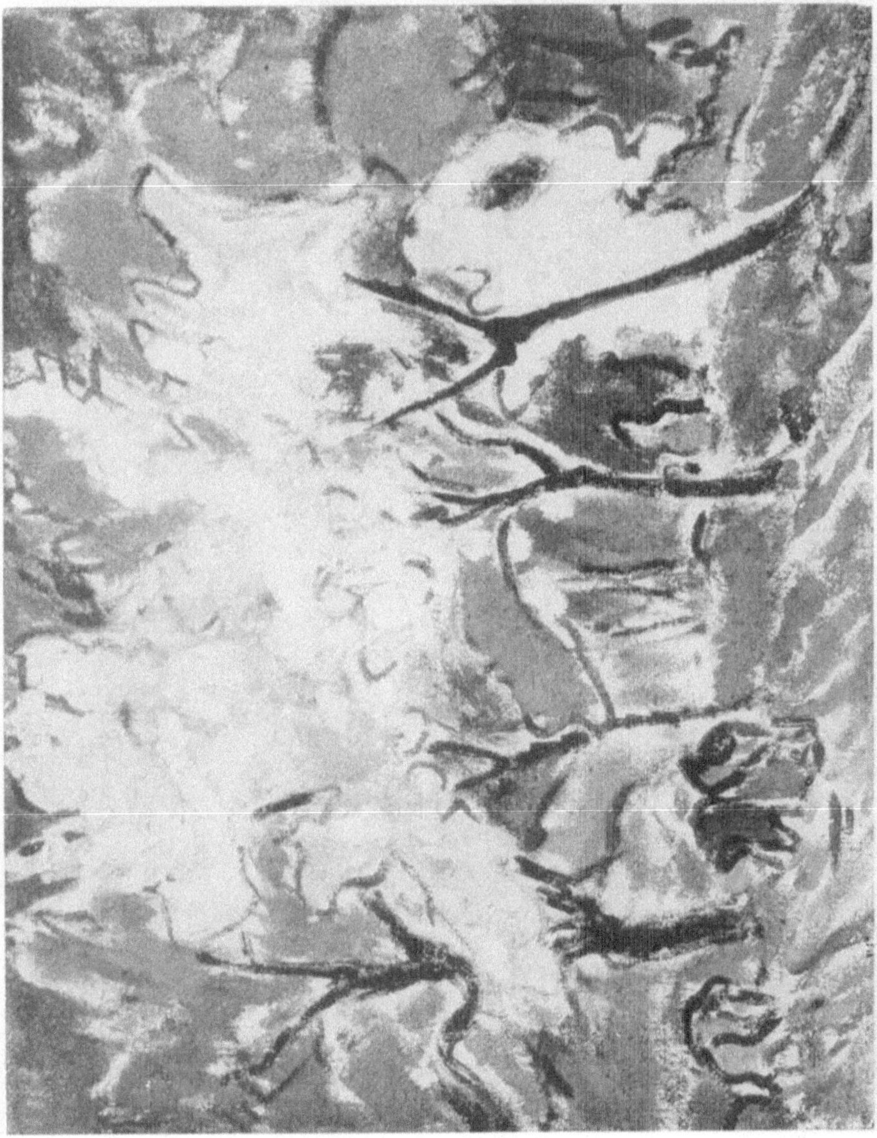

Mit Genehmigung des „Sonderbundes" Köln
E. L. Kirchner
Blühende Bäume (Abb. 110)

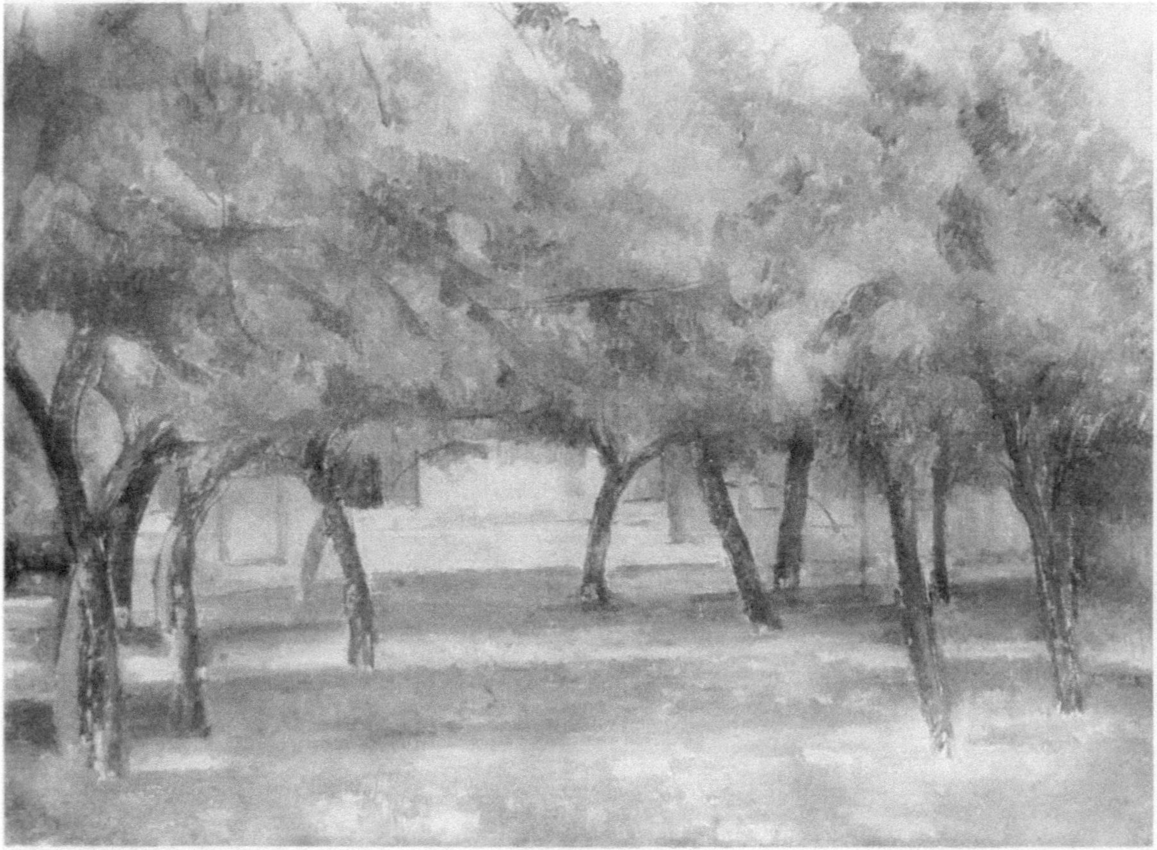

Abb. 111

Phot. E. Druet, Paris

Paul Cézanne   Die Bäume (Abb. 111)

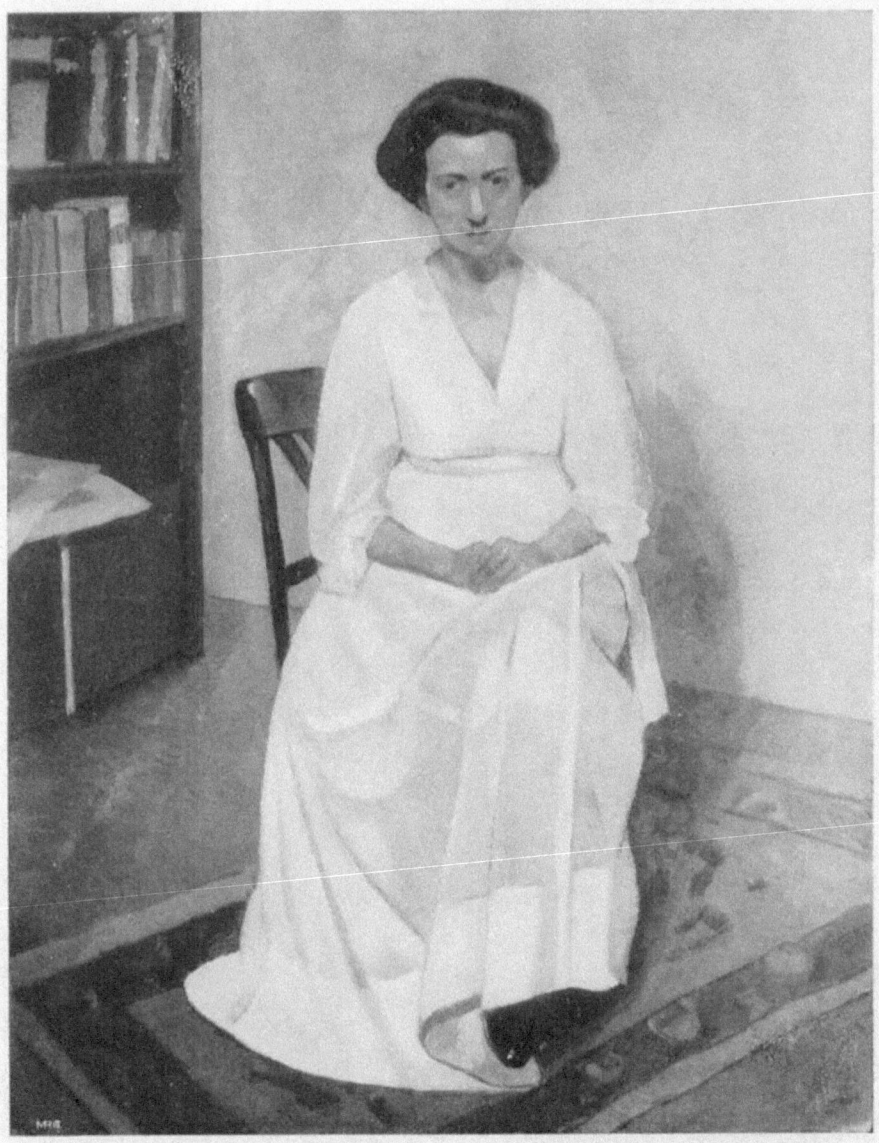

Albert Weisgerber   Bildnis einer Dame (Abb. 112)

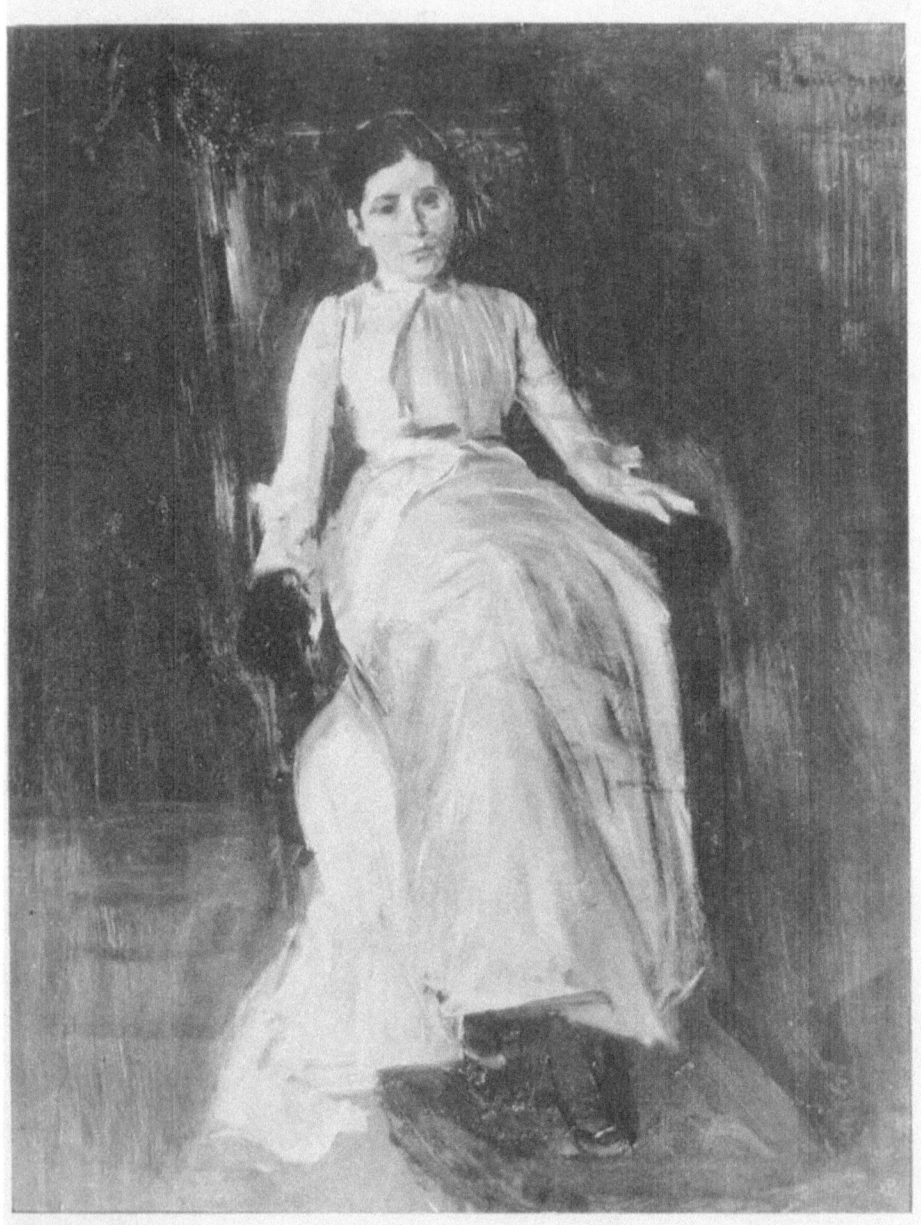

Max Liebermann — Bildnis einer Dame (Abb. 113)

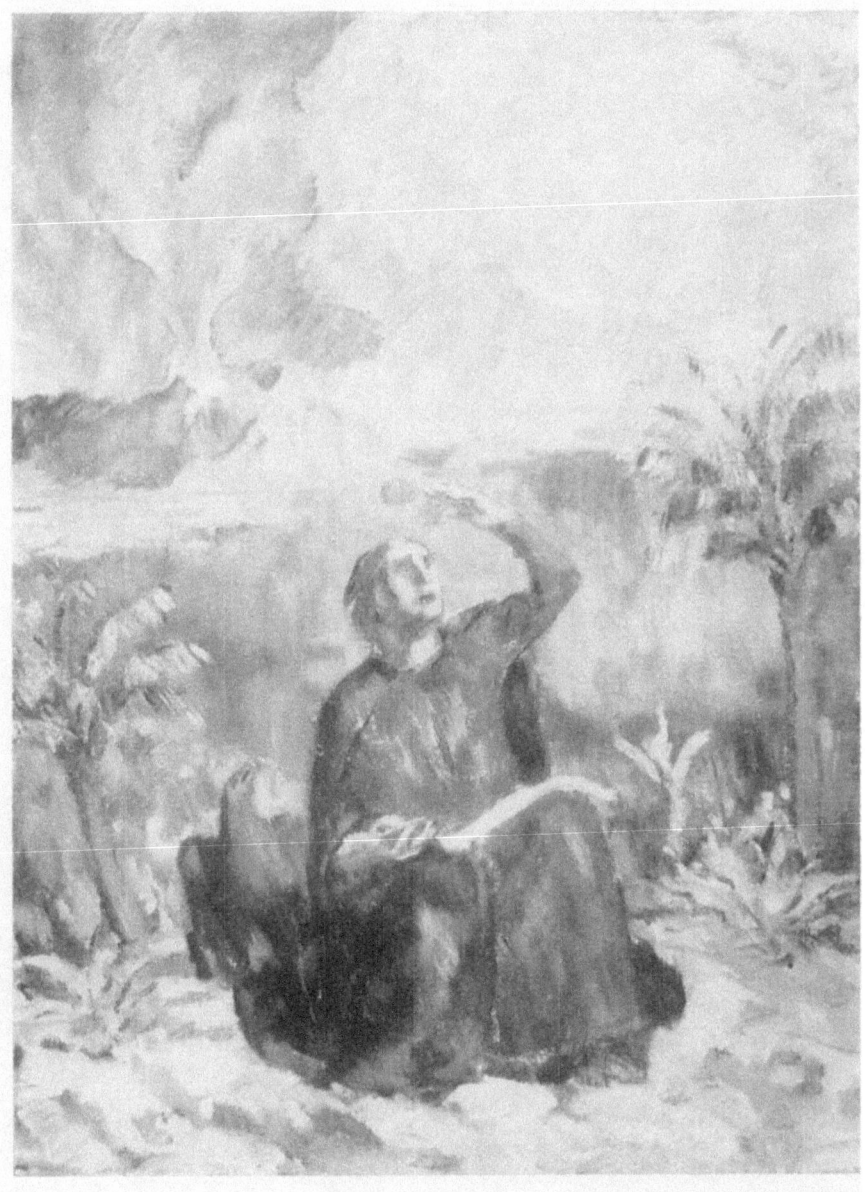

Karl Caspar — Johannes auf Patmos (Abb. 114)

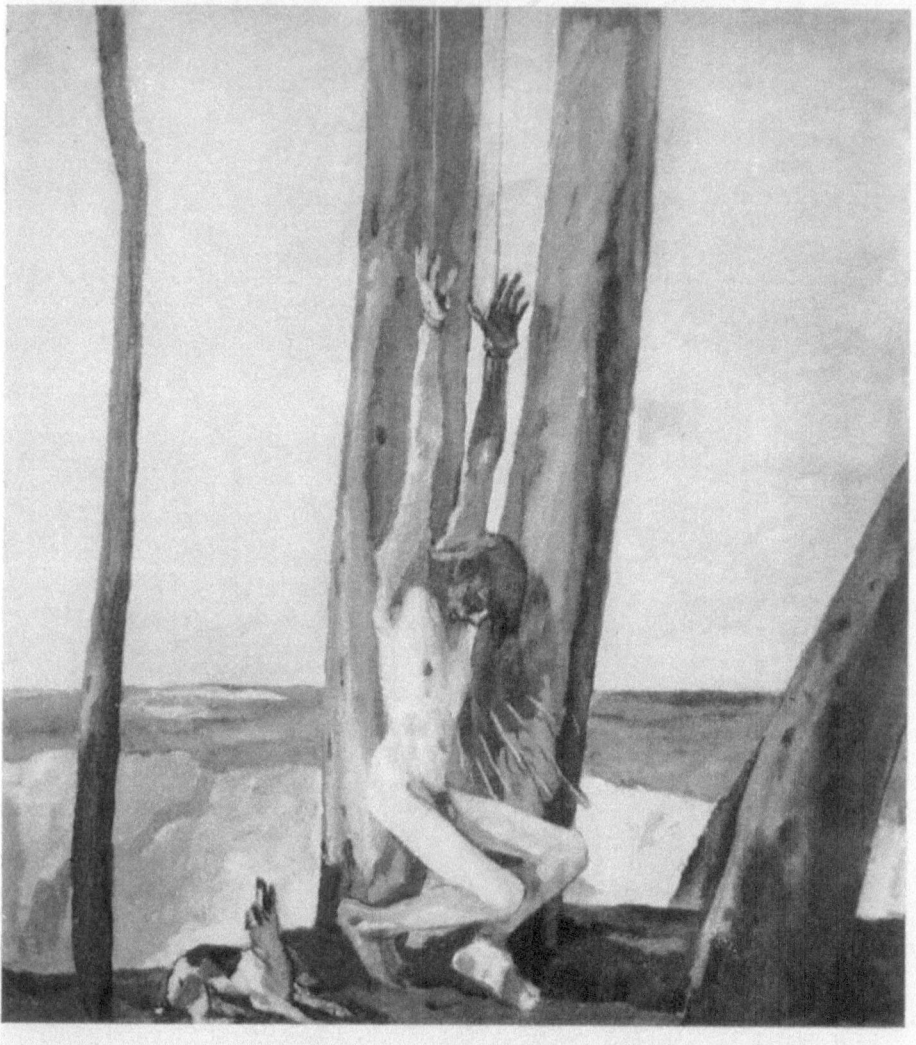

Albert Weisgerber — Der heilige Sebastian (Abb. 115)

Abb. 116

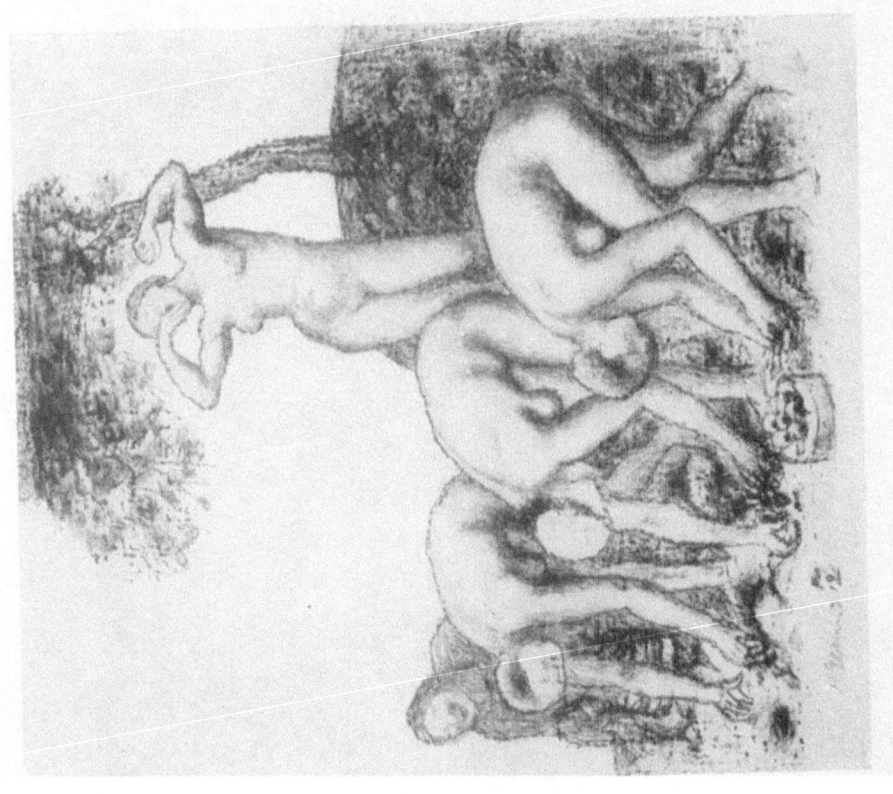

Robert Genin — Obsternte (Lithographie) (Abb. 116)

Abb. 117

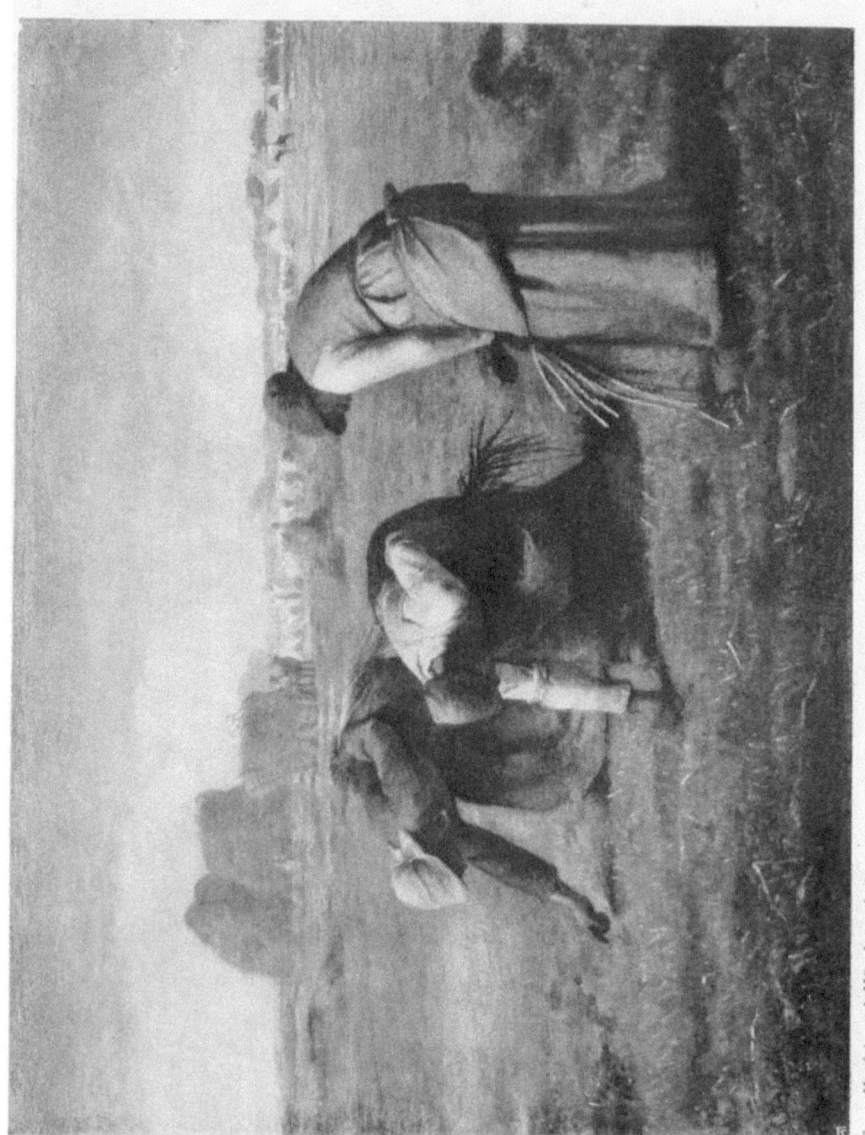

Franz Hanfstaengl, München, phot.

Jean François Millet

Die Ährenleserinnen (Abb. 117)

Abb. 118

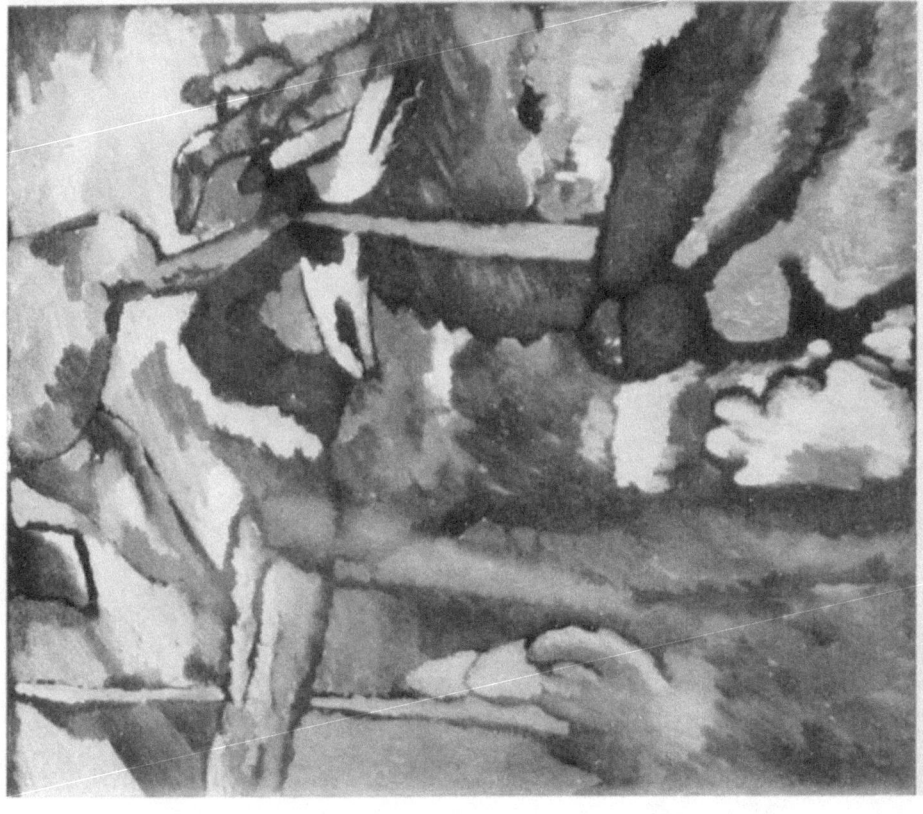

Wassily Kandinsky   Improvisation: Presto (Abb. 11s)

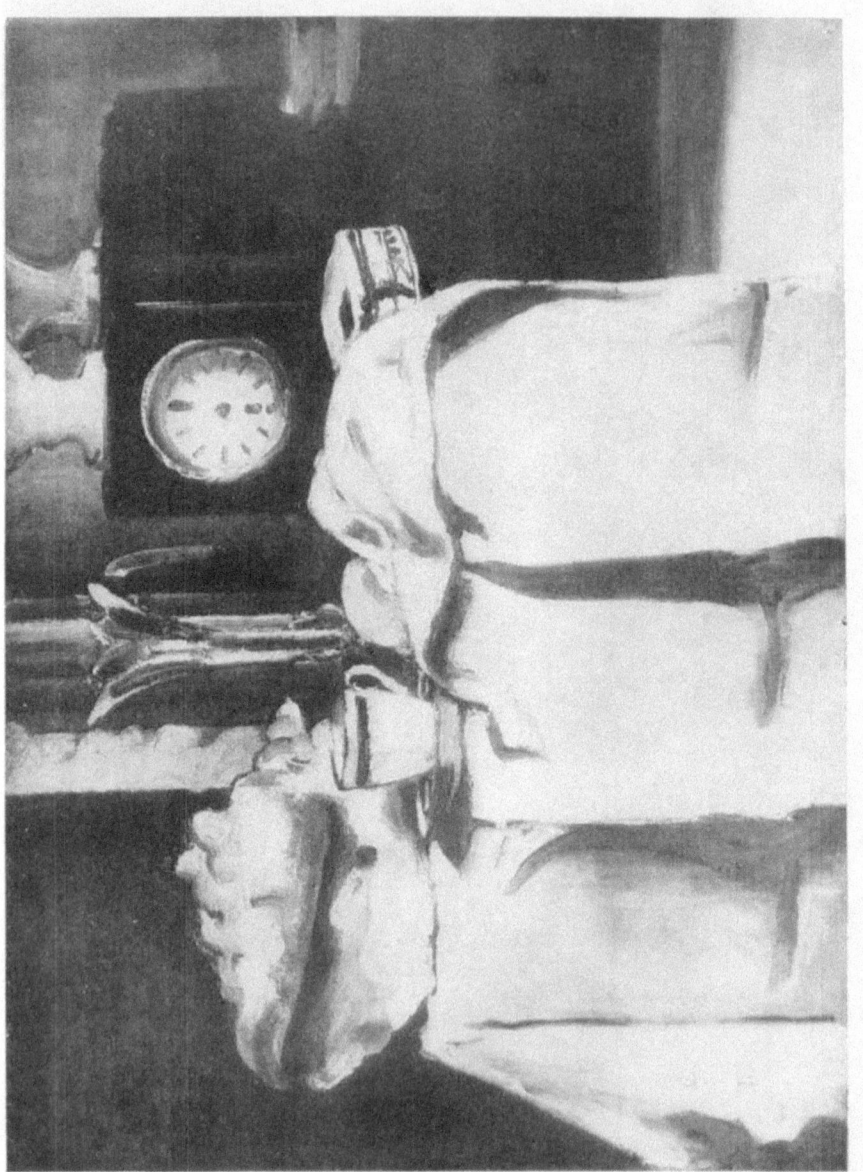

Abb. 119

Phot. E. Druet, Paris
Paul Cézanne — Die Stutzuhr (Abb. 119)

Abb. 120

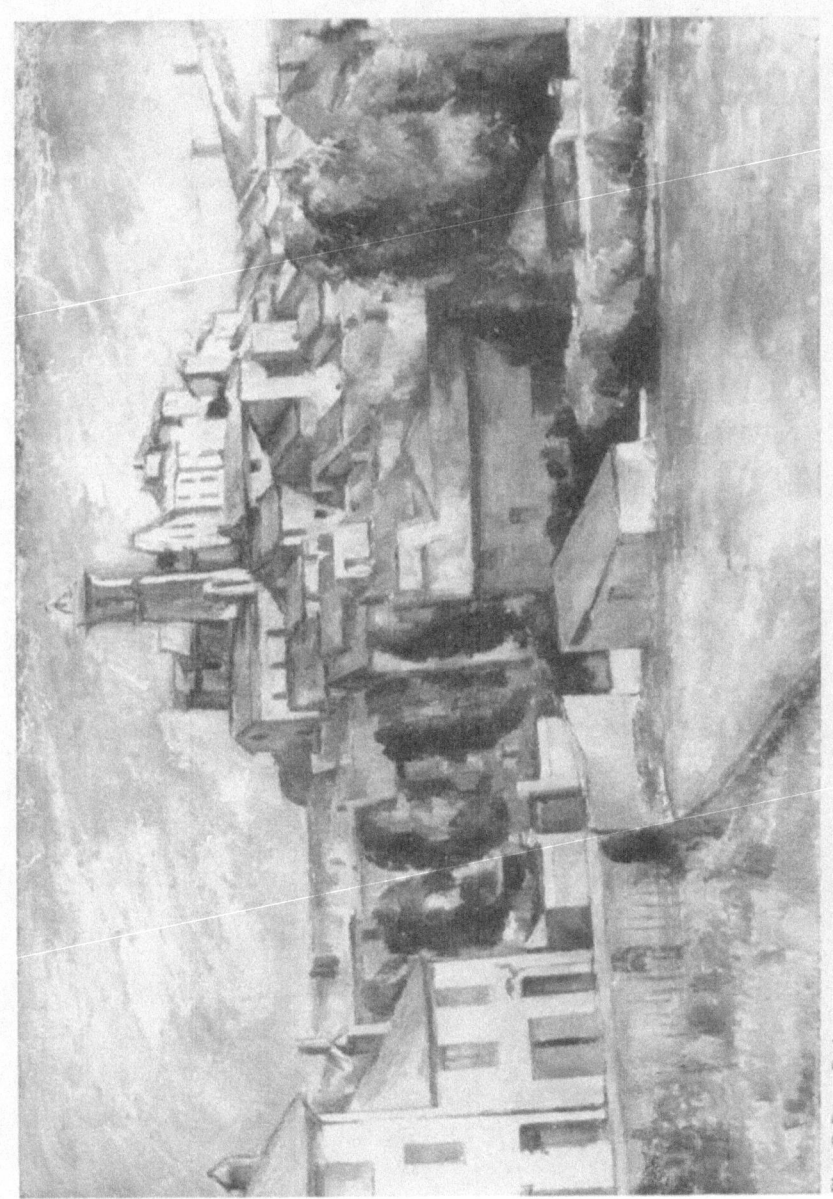

Phot. E. Druet, Paris

Paul Cézanne
Ansicht von Septeune (Abb. 120)

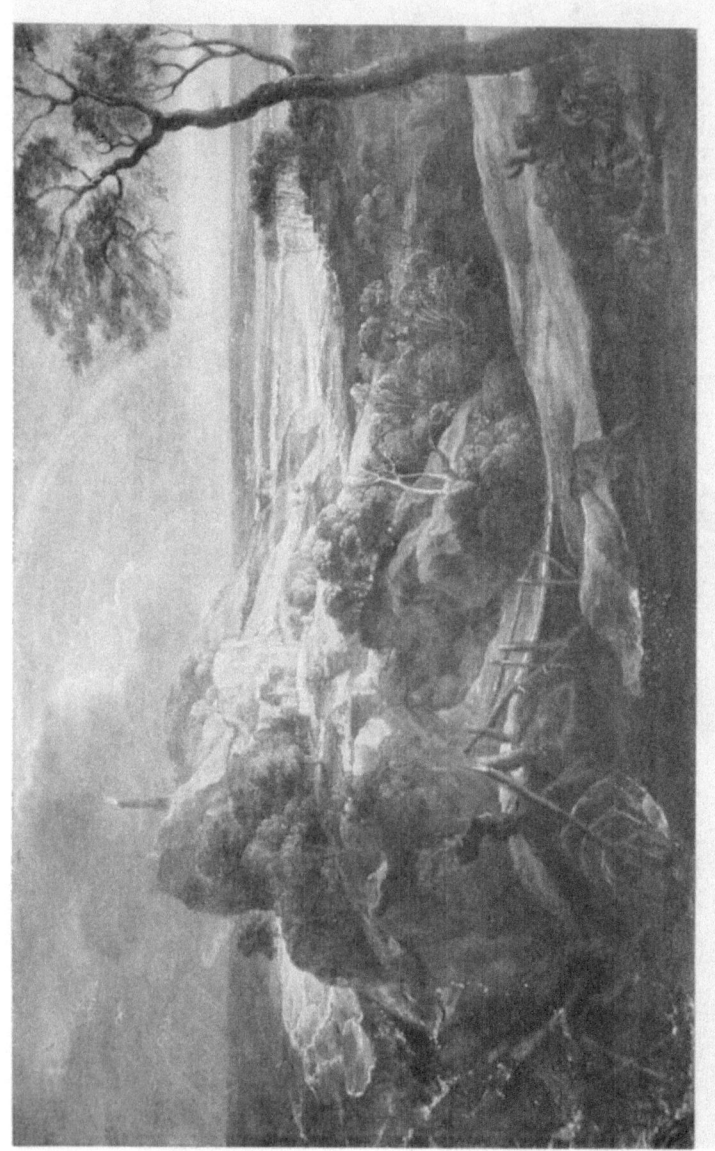

Rubens, Schiffbruch des Aeneas (Abb. 121)

Abb. 122

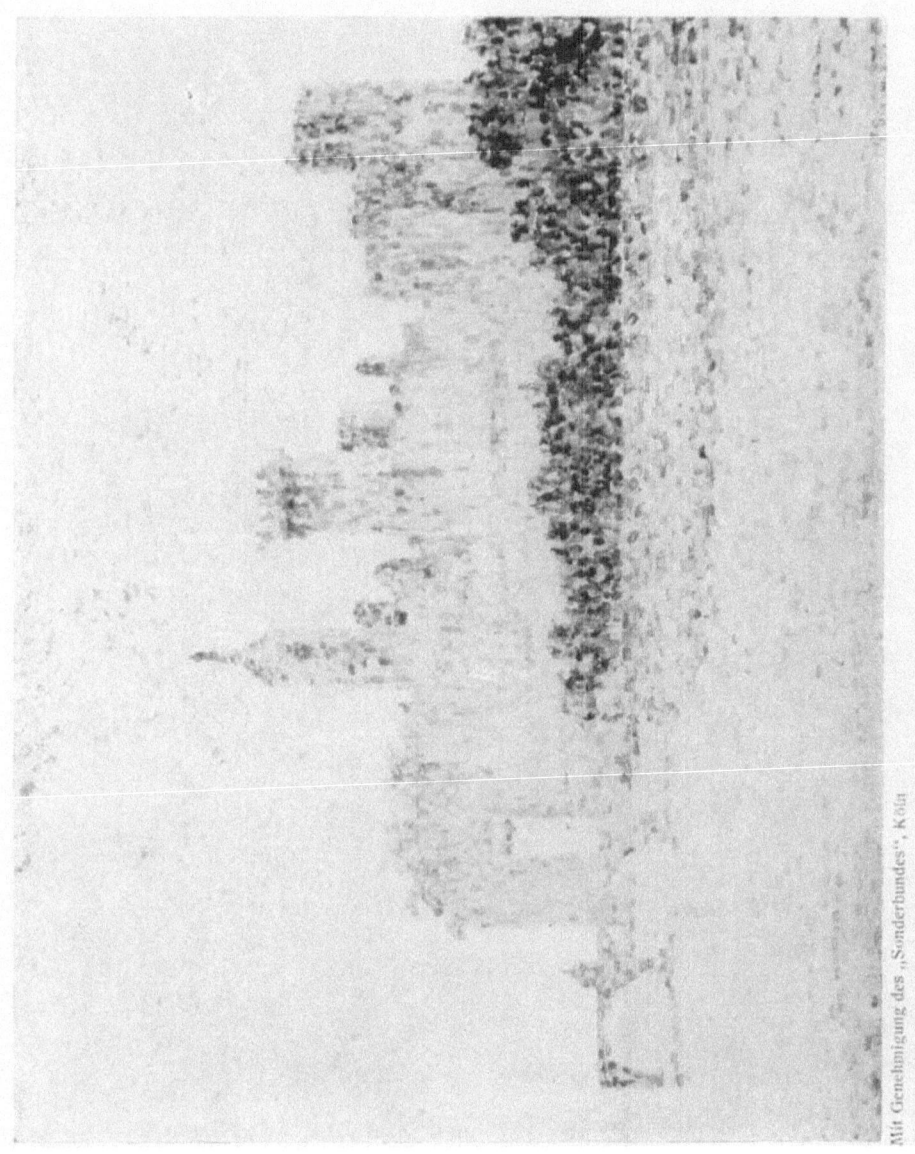

Mit Genehmigung des „Sonderbundes", Köln
Paul Signac — Avignon abends (Abb. 122)

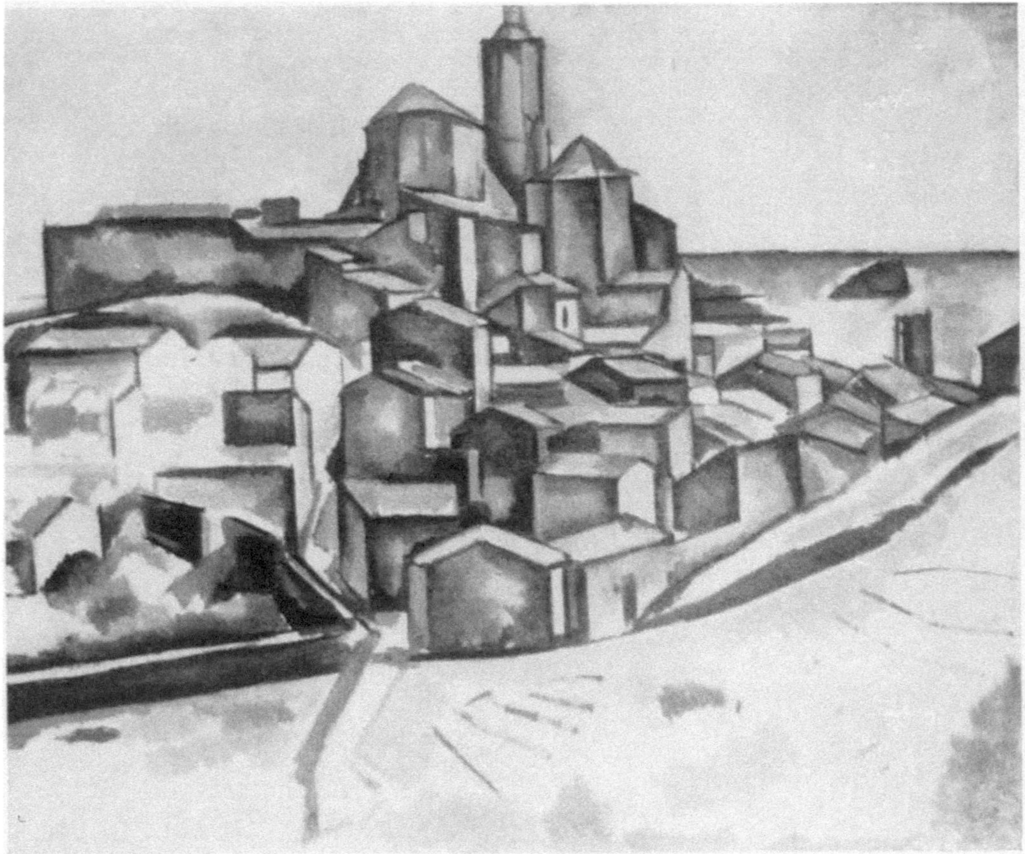

Abb. 123

André Derain   Cadaqués (Abb. 123)
Phot. Kahnweiler, Paris

Abb. 124

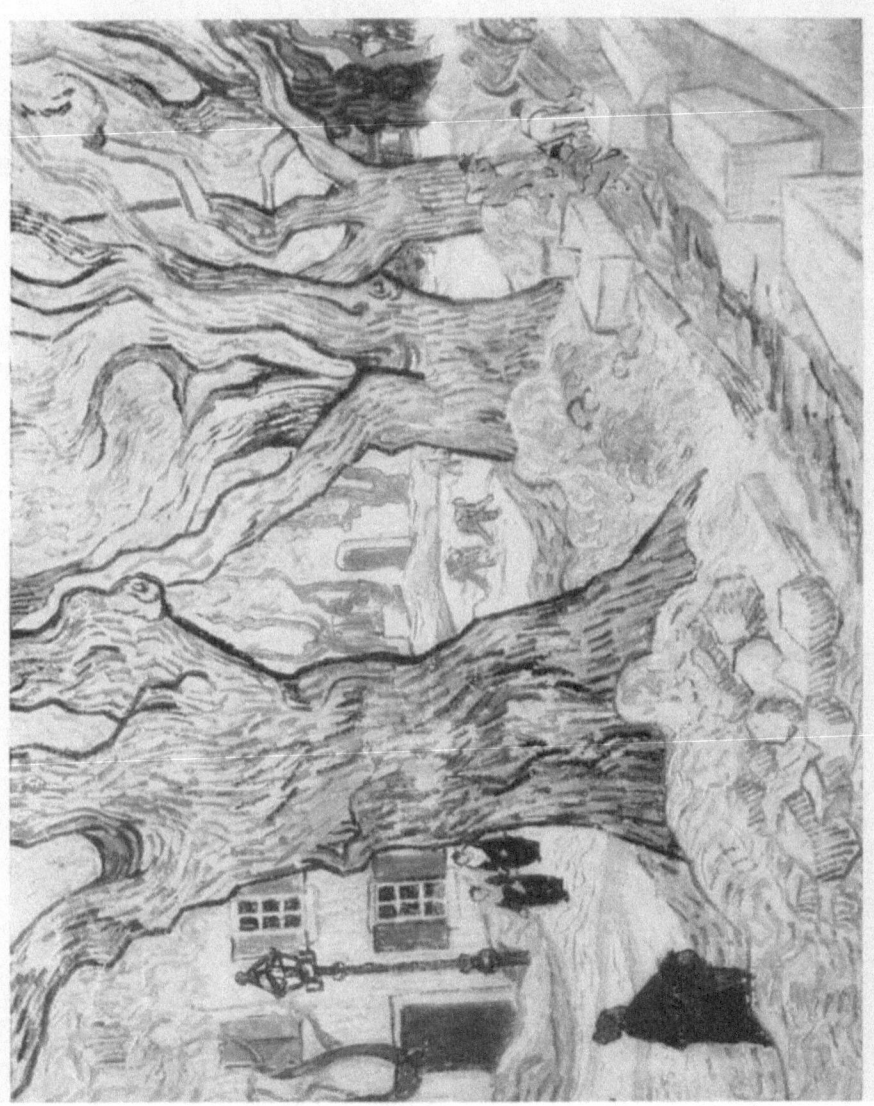

Vincent Van Gogh — Straße in Arles (Abb. 124)

Phot. E. Druet, Paris

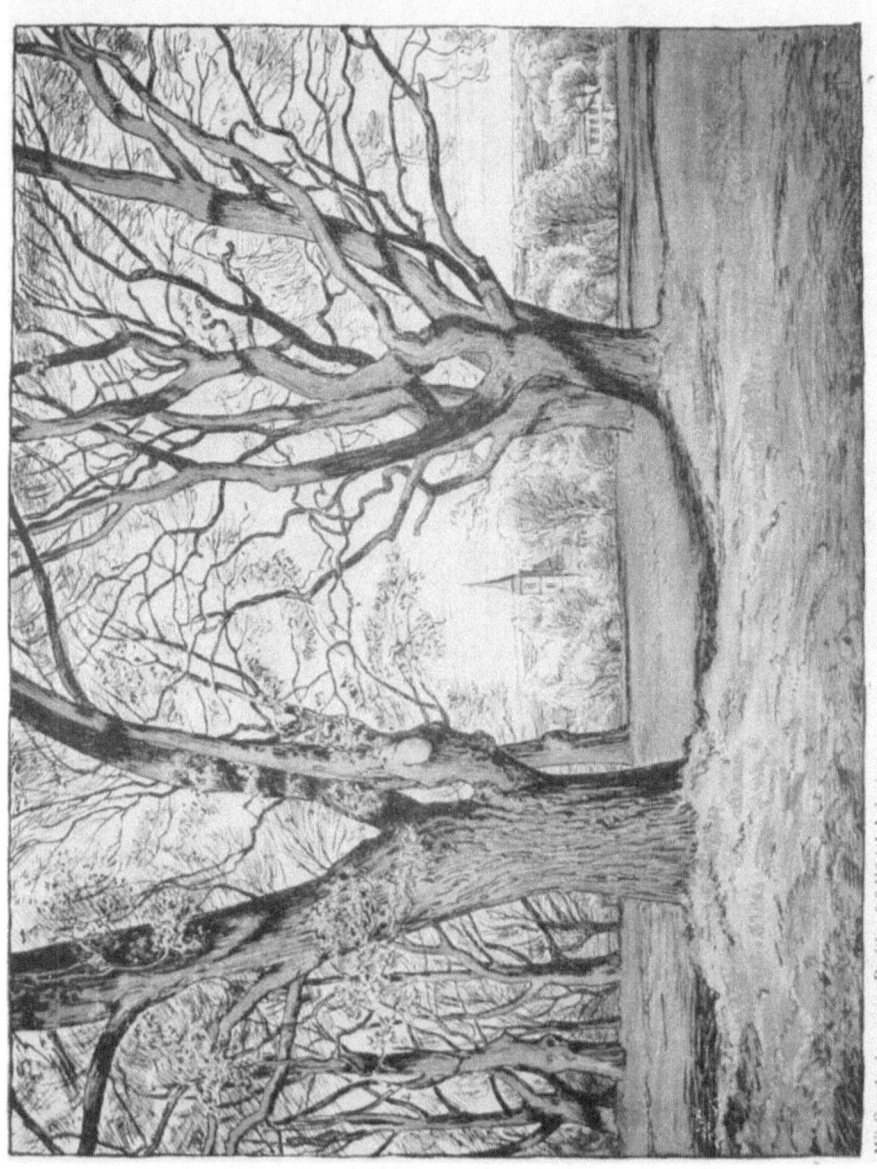

Abb. 125

Hans Thoma Taunuslandschaft, Lithographie (Abb. 125)
Mit Genehmigung von Breitkopf & Härtel, Leipzig

Abb. 126

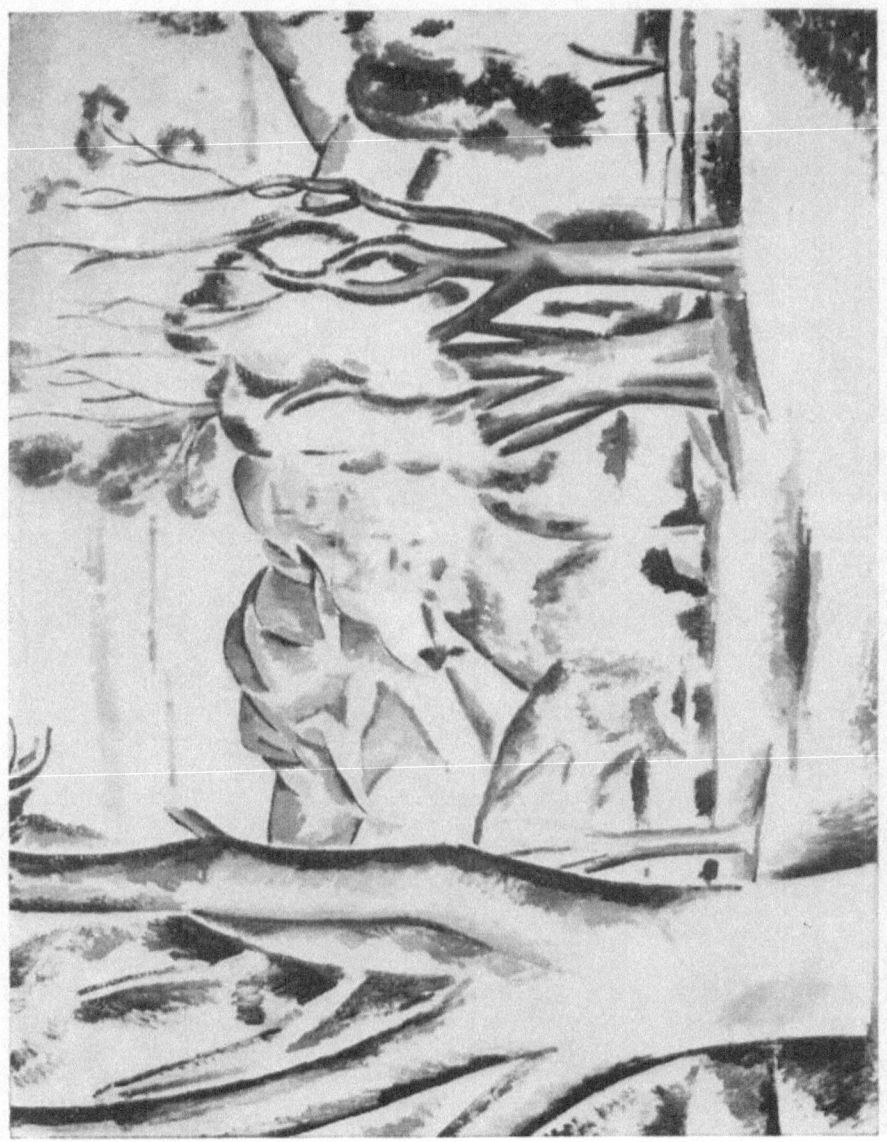

Mit Genehmigung des „Sonderbundes", Köln
André Derain   Landschaft (Abb. 126)

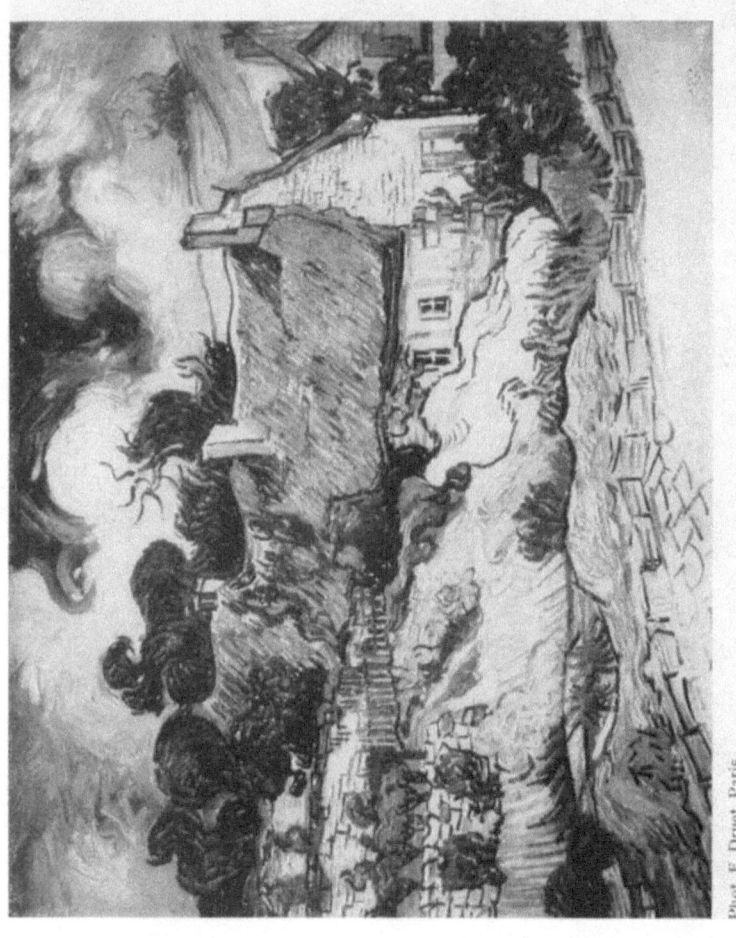

Vincent Van Gogh — Hütten in Auvers s/Oise (Abb. 127)

Abb. 128

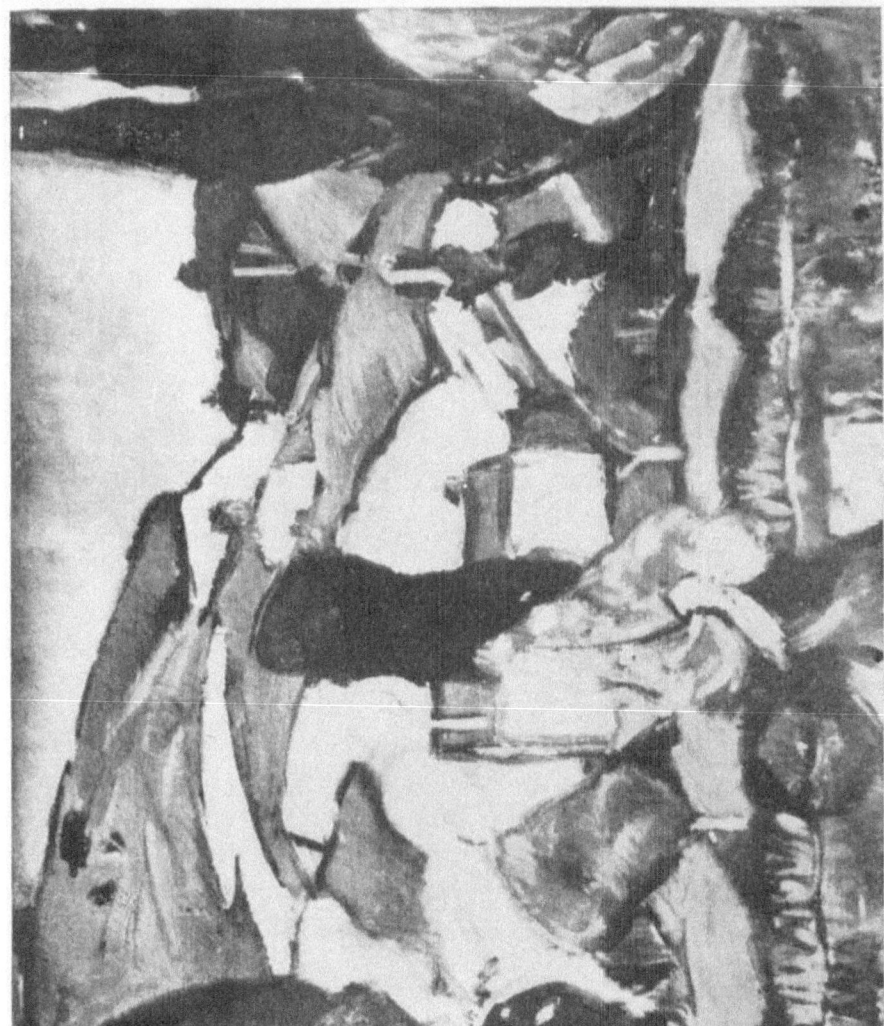

Mit Genehmigung des „Sonderbundes", Köln

Othon E. Friesz   Landschaft (Abb. 128)

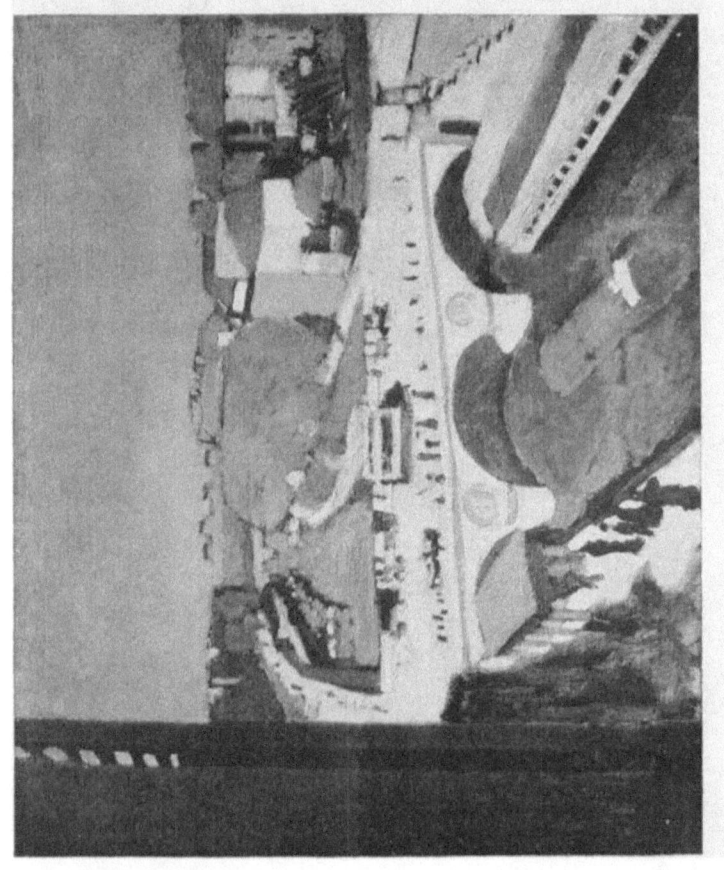

Henri Matisse Seinebrücke (Abb. 129)

Abb. 130

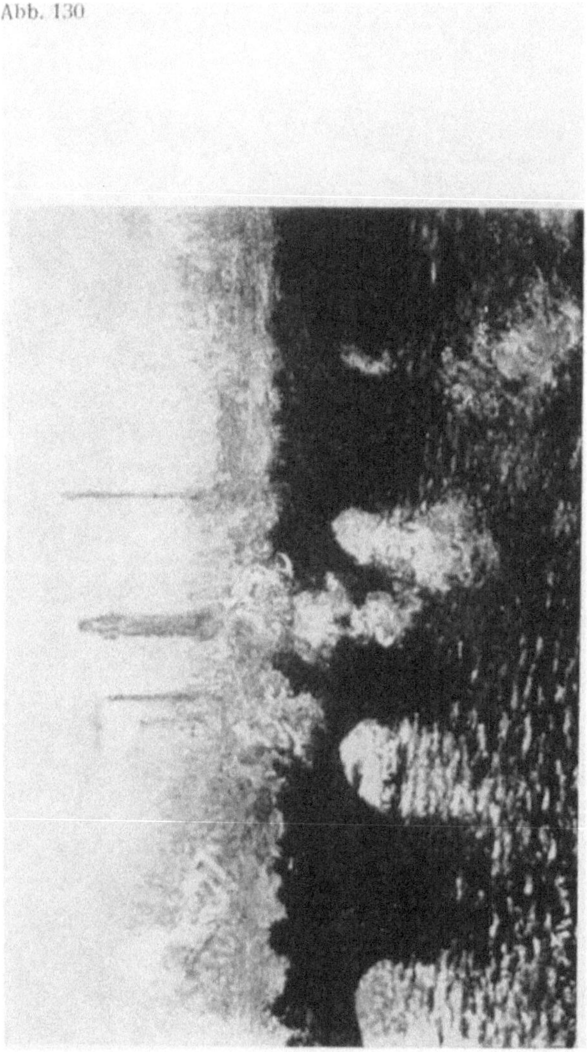

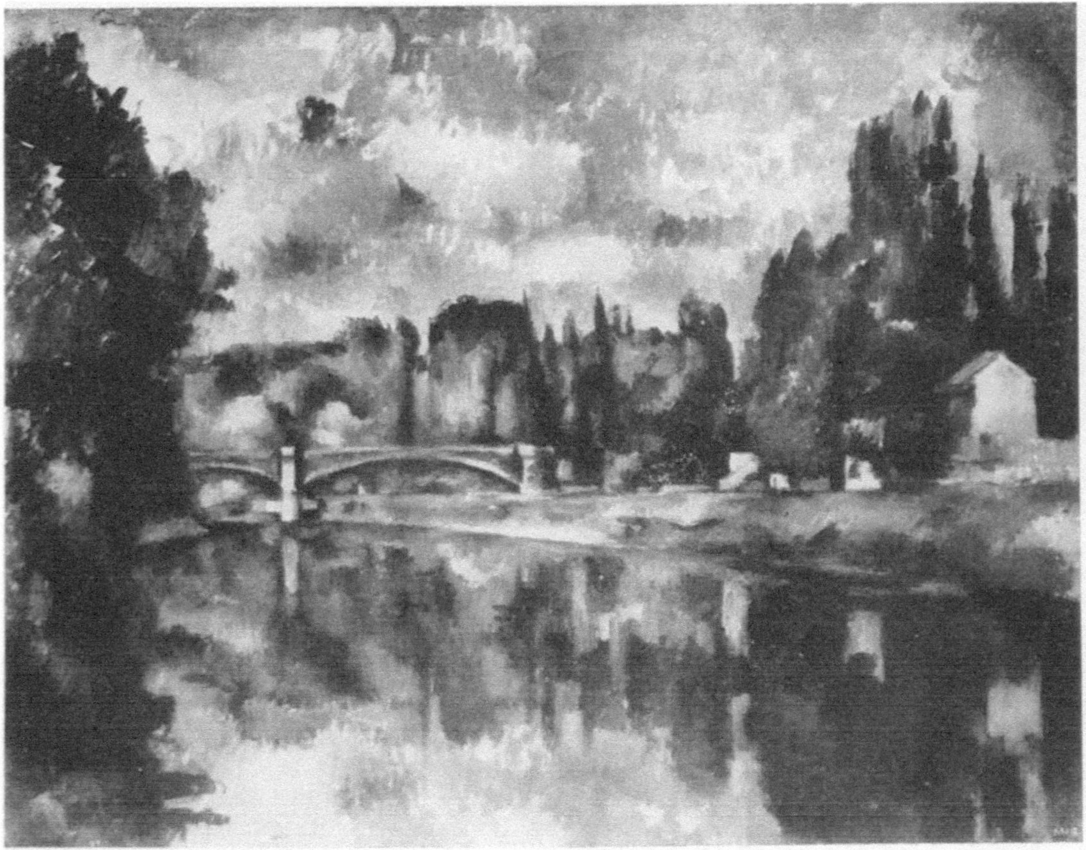

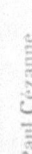

Paul Cézanne — Brücke bei Puteaux (Abb. 131)

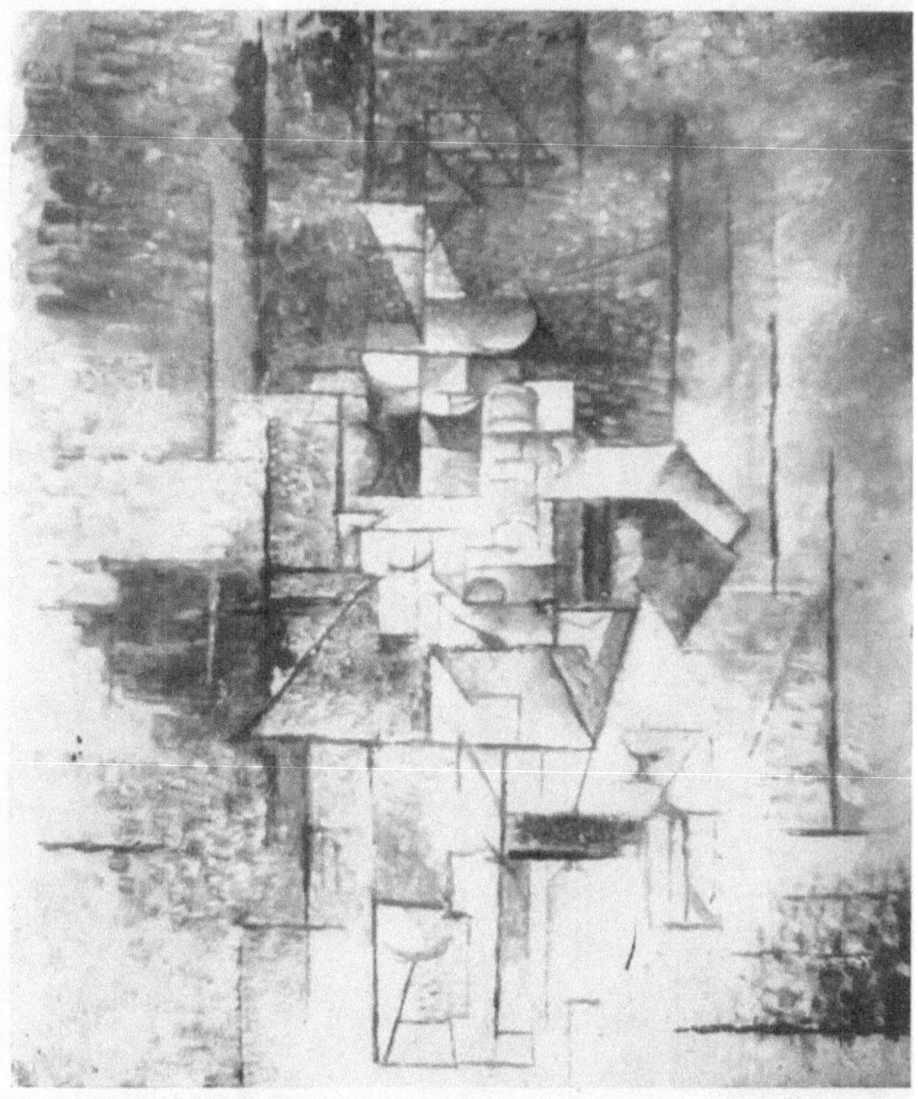

Pablo Picasso — Mandolinenspielerin (Abb. 132)

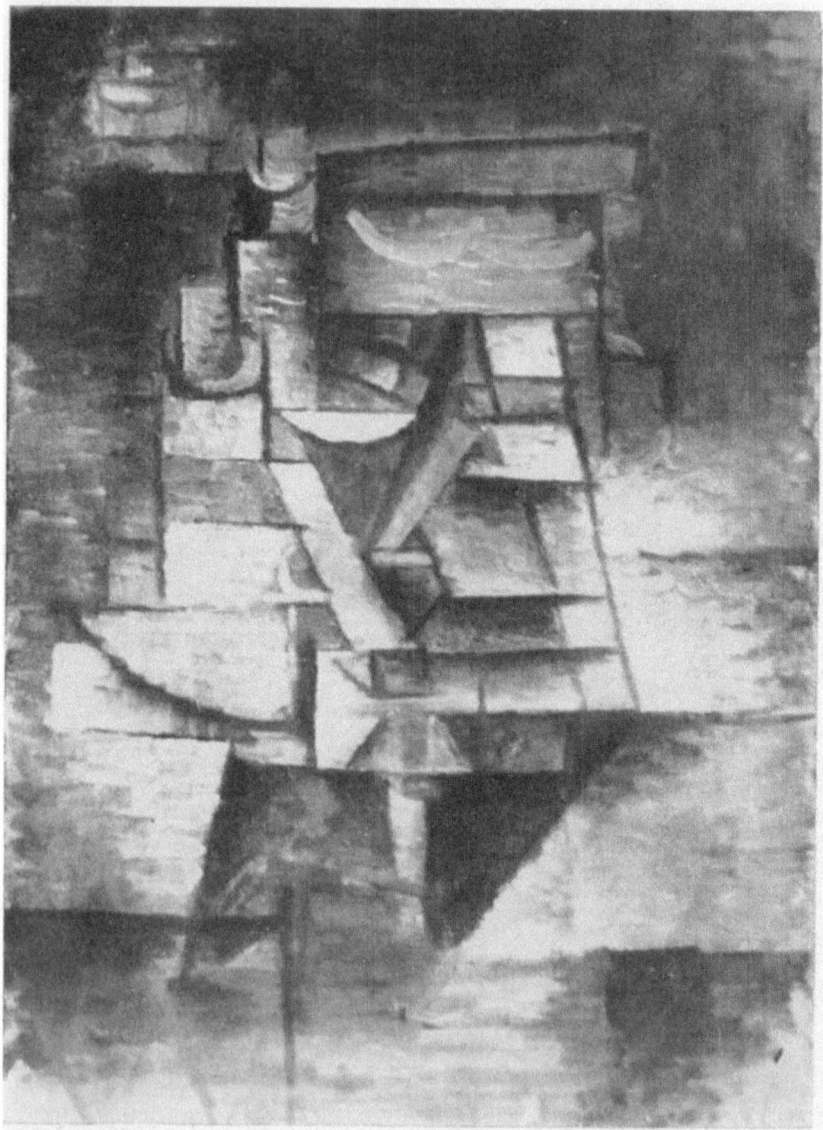

Pablo Picasso — Studentin (Abb. 133)

Abb. 134

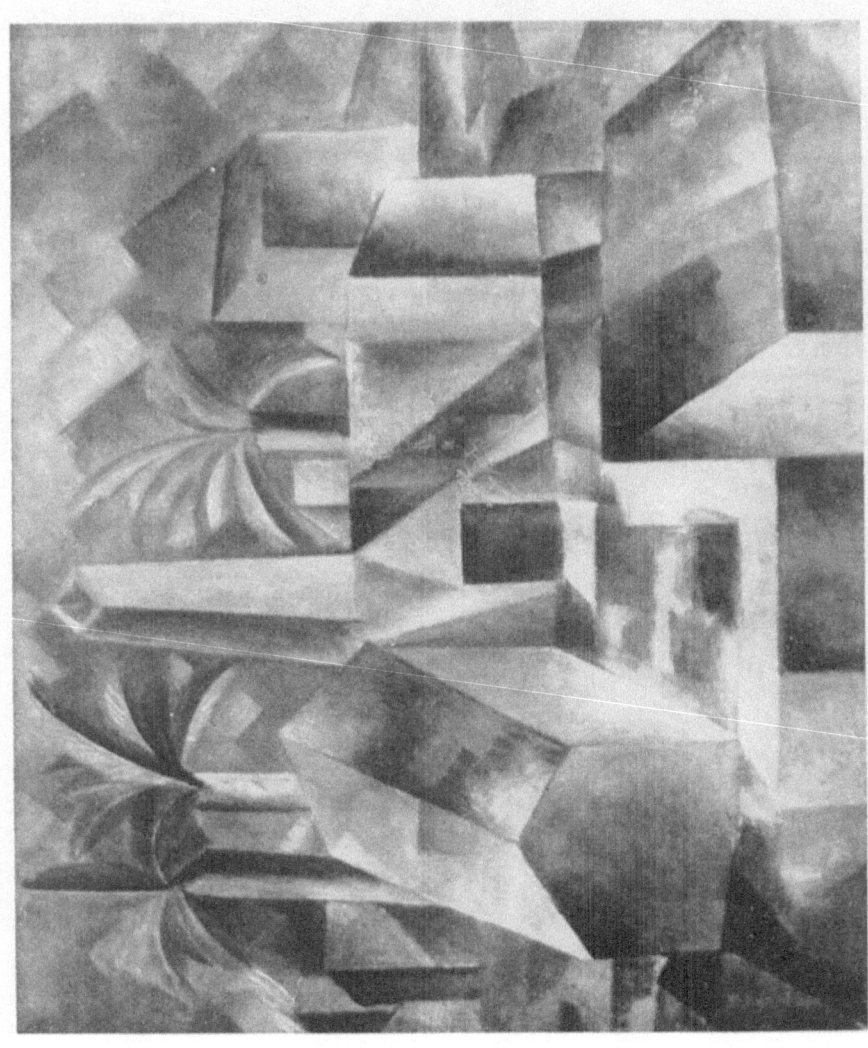

Pablo Picasso — L'Usine, Horta de Ebro (Abb. 134)
Phot. Kahnweiler, Paris

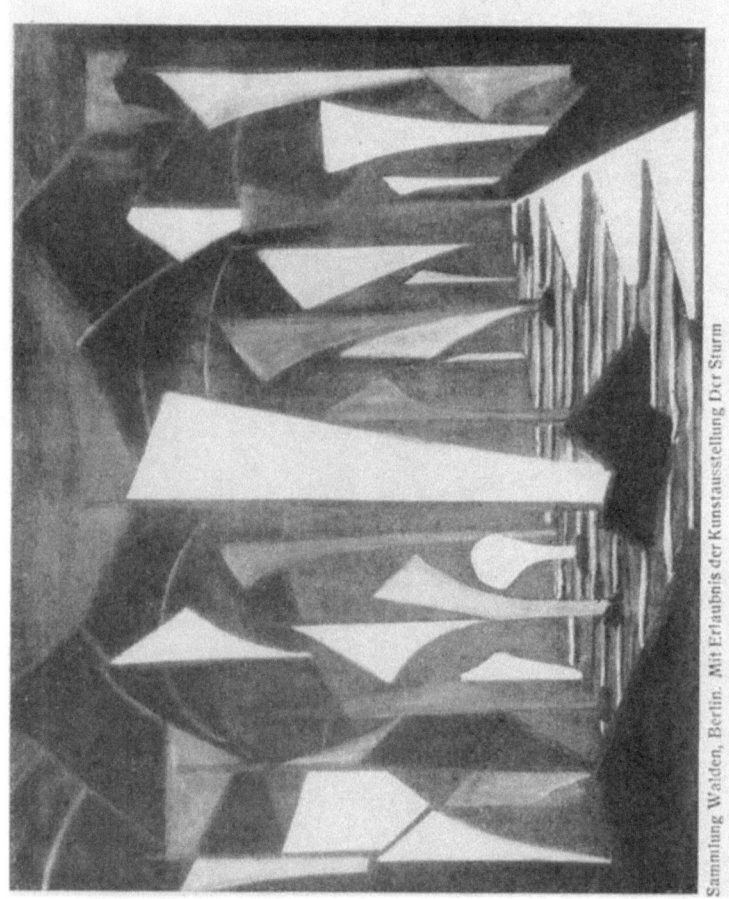

Sammlung Walden, Berlin. Mit Erlaubnis der Kunstausstellung Der Sturm

Jacoba van Heemskerck — Bild XIV (Abb. 135)

Abb. 136

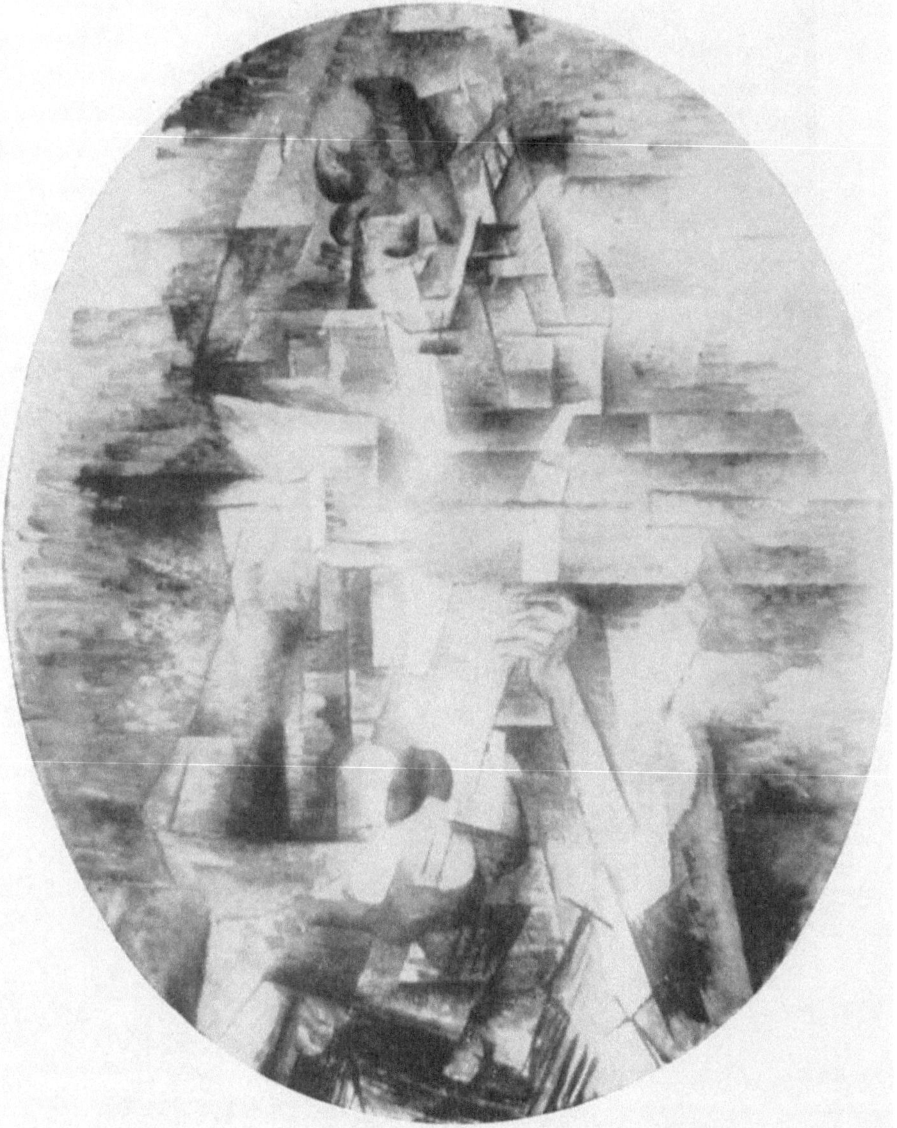

Phot. Kahnweiler, Paris
Georges Braque   Frau mit Mandoline (Abb. 136)

Abb. 137

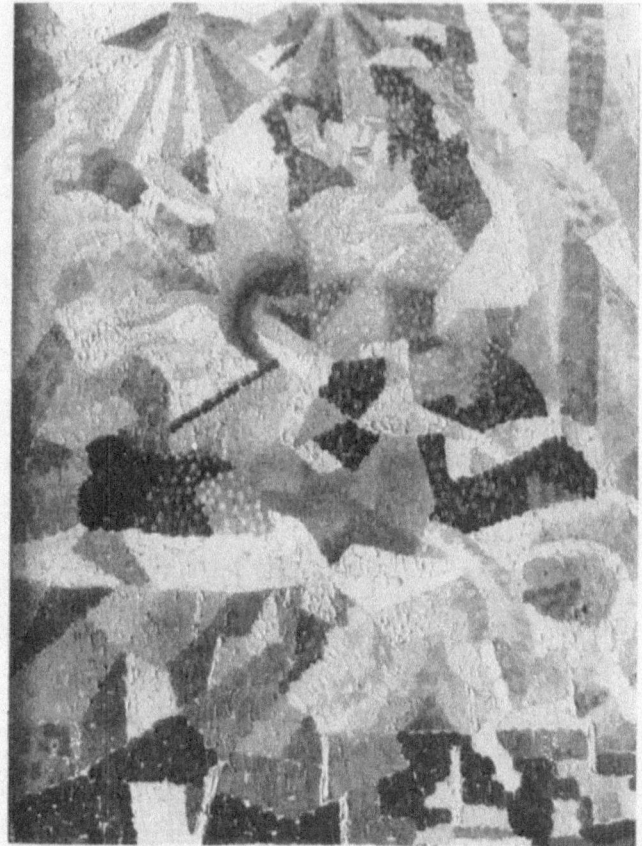

Sammlung Walden, Berlin. Mit Erlaubnis der Kunstausstellung Der Sturm

Gino Severini   Die Modistin (Abb. 137)

Abb. 138

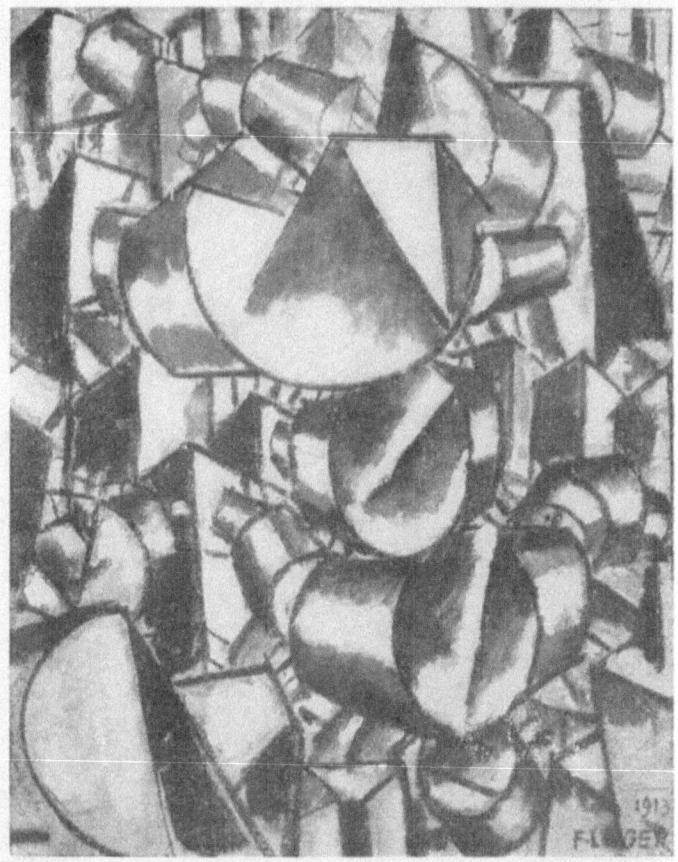

Sammlung Walden, Berlin. Mit Erlaubnis der Kunstausstellung Der Sturm

Fernand Léger　　　　　　　　　　Kontrast der Formen (Abb. 138)

Abb. 139

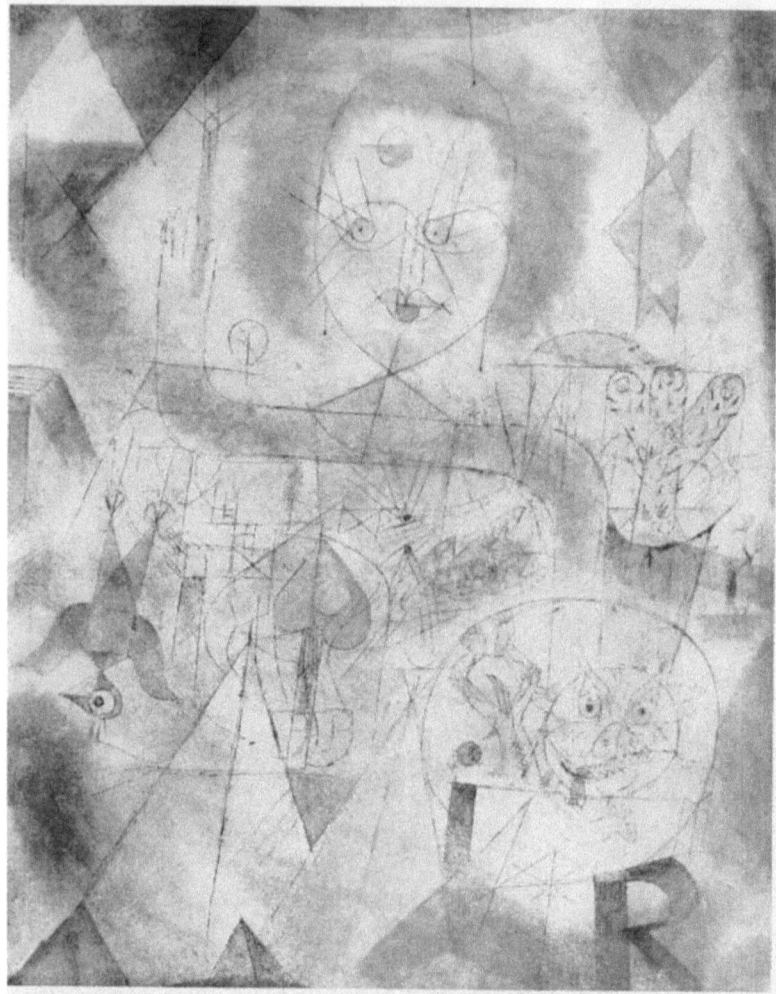

Mit Erlaubnis der Kunstausstellung Der Sturm

Paul Klee   Tierbändiger (Abb. 139)

Abb. 140

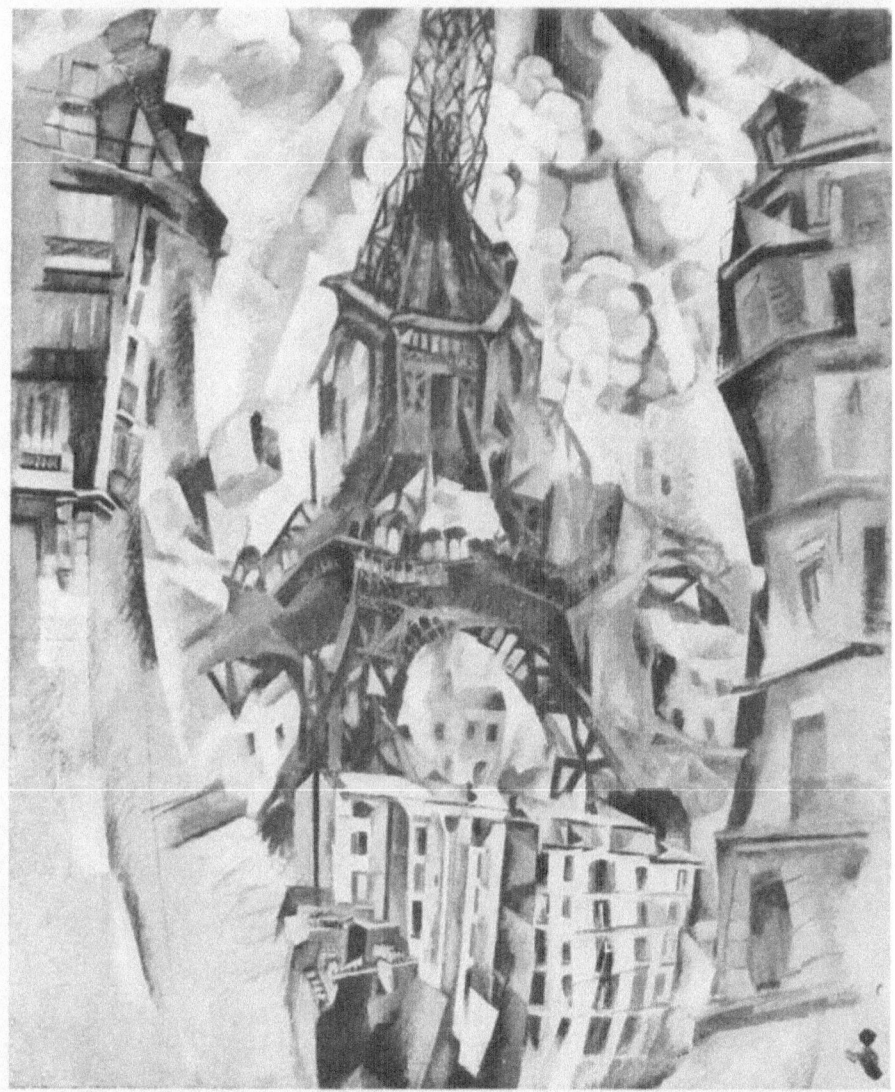

Sammlung Bernhard Köhler, Berlin

R. Delaunay Eiffelturm (Abb. 140)

Abb. 141

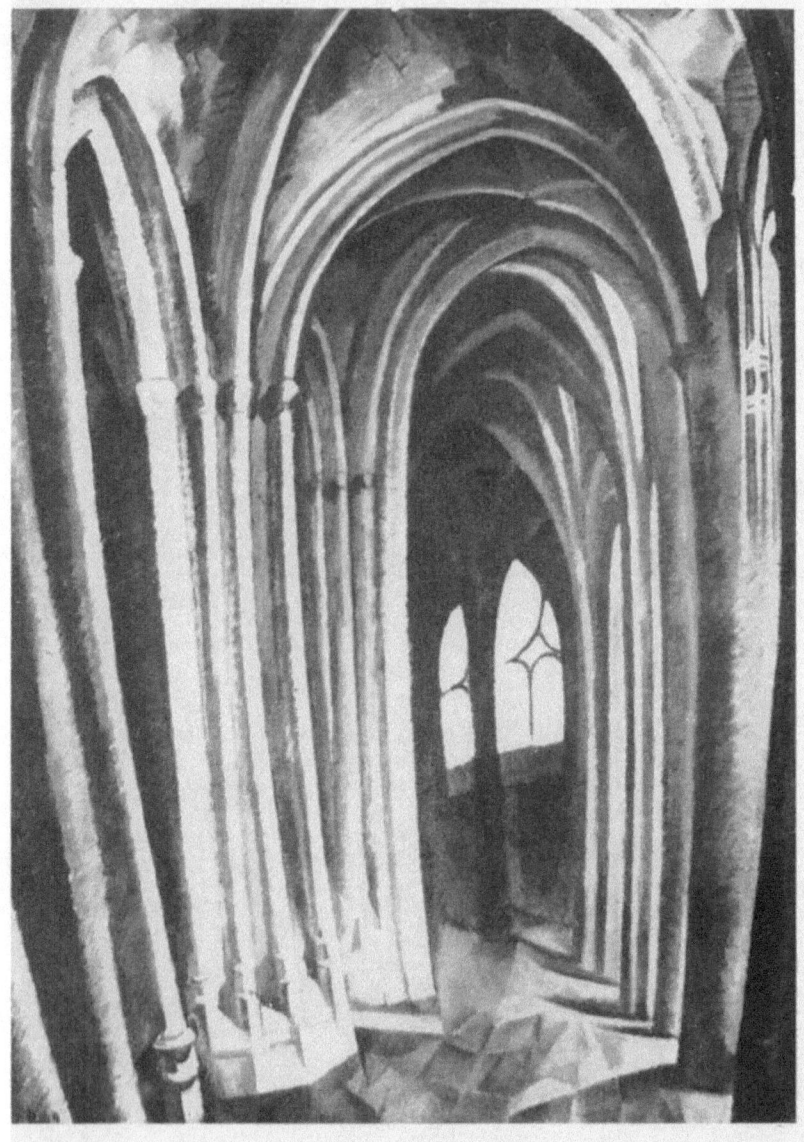

R. Delaunay　　　　　　　　　　　　　St. Séverain (Abb. 141)

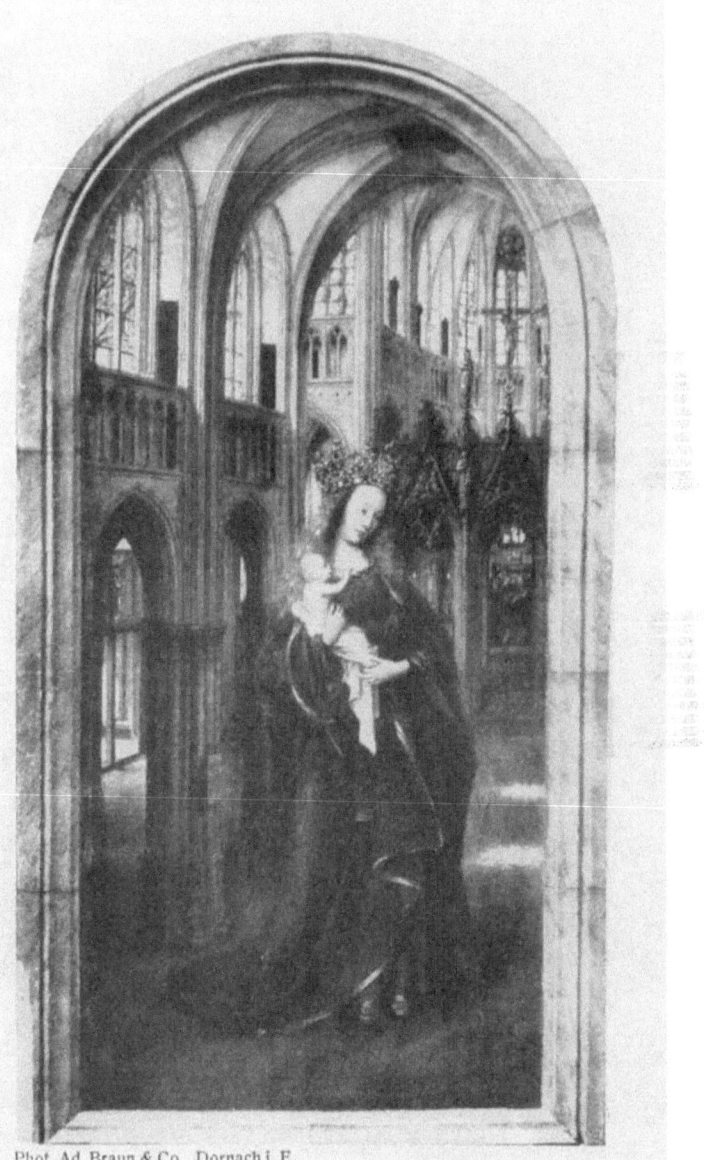

Jan Van Eyck Die Jungfrau mit dem Kinde in einer Kirche (Abb. 142)

Abb. 143

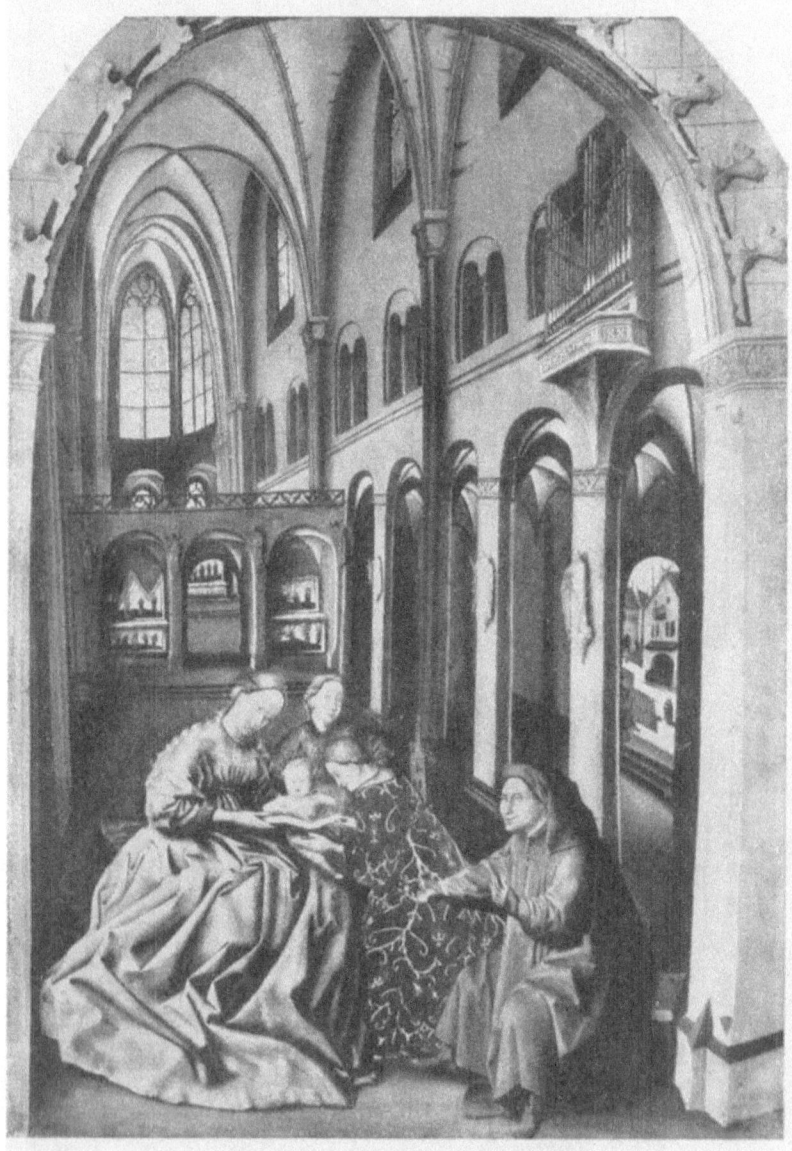

Konrad Witz　　　　　　　　　　Die heilige Familie (Abb. 143)

Abb. 144

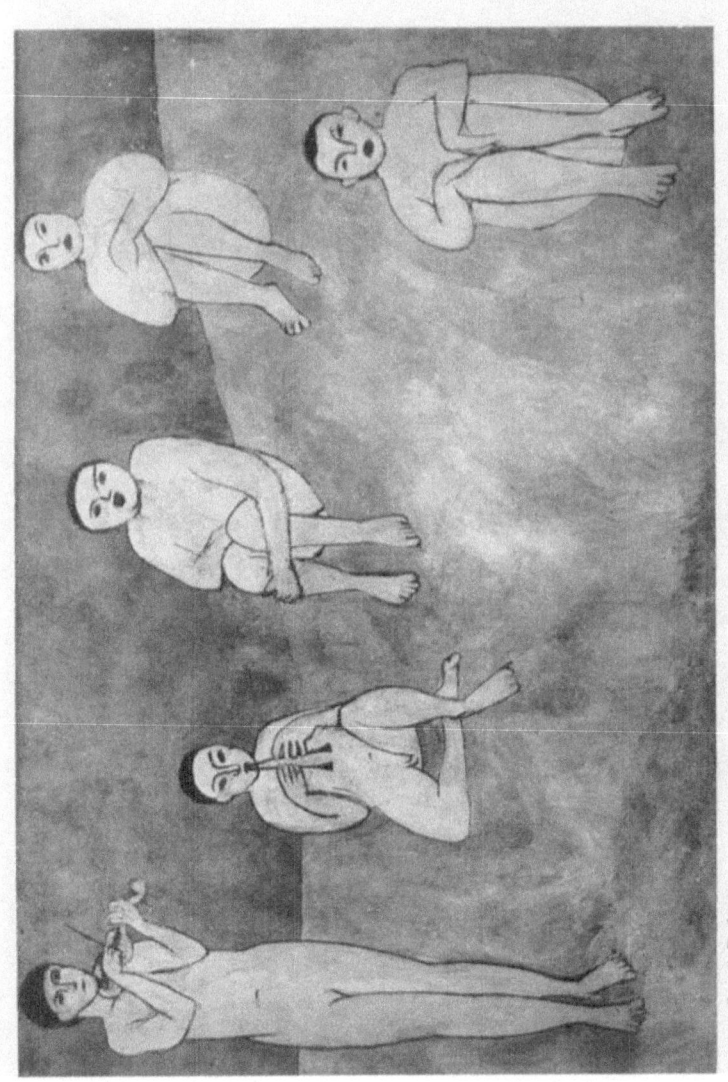

Phot. E. Druet, Paris

Henri Matisse Musik (Abb. 144)

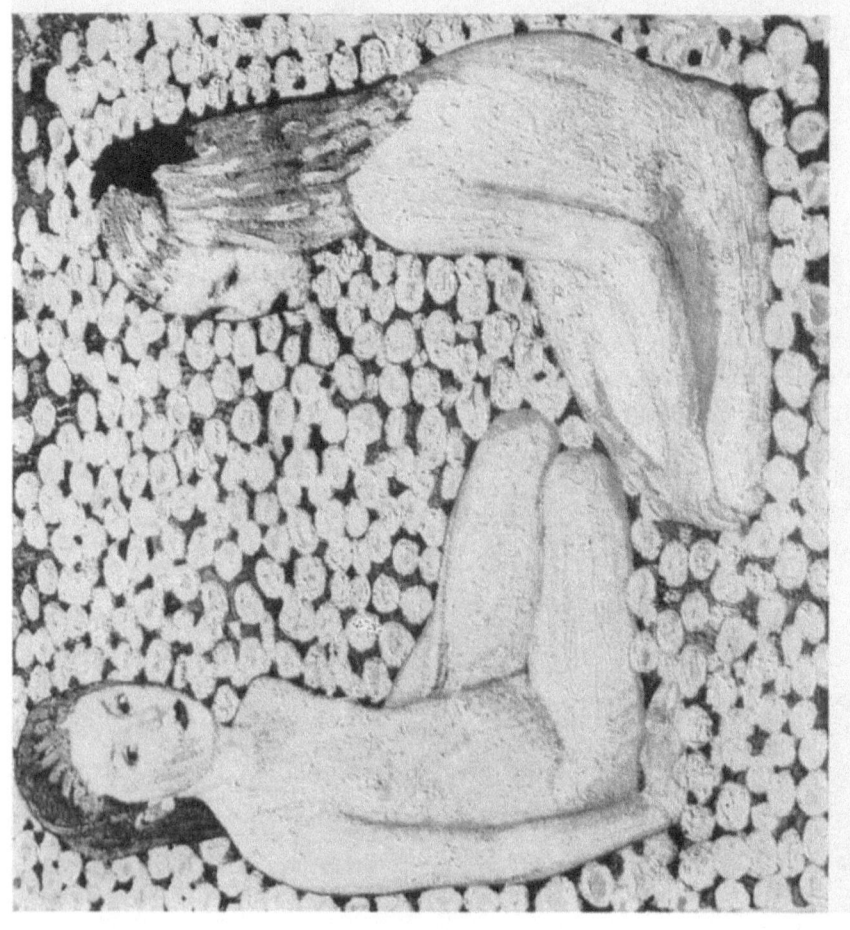

Cuno Amiet　　Mädchen (Abb. 145)　　Abb. 145

Abb. 146

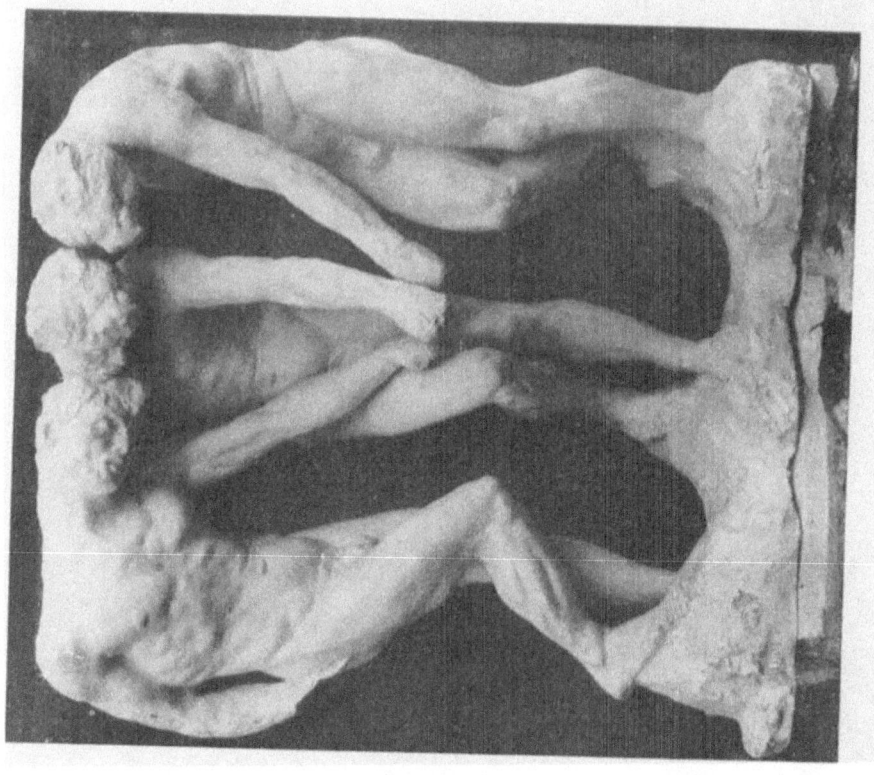

Auguste Rodin — Drei Schatten (Abb. 146)

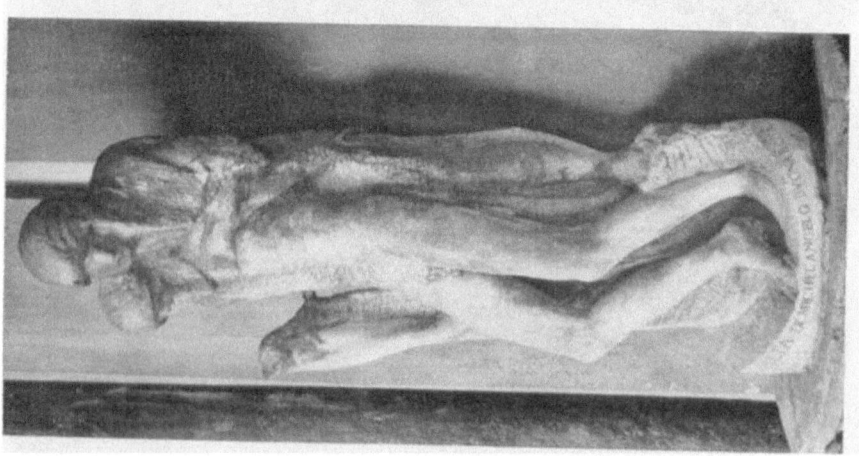

Abb. 147/148

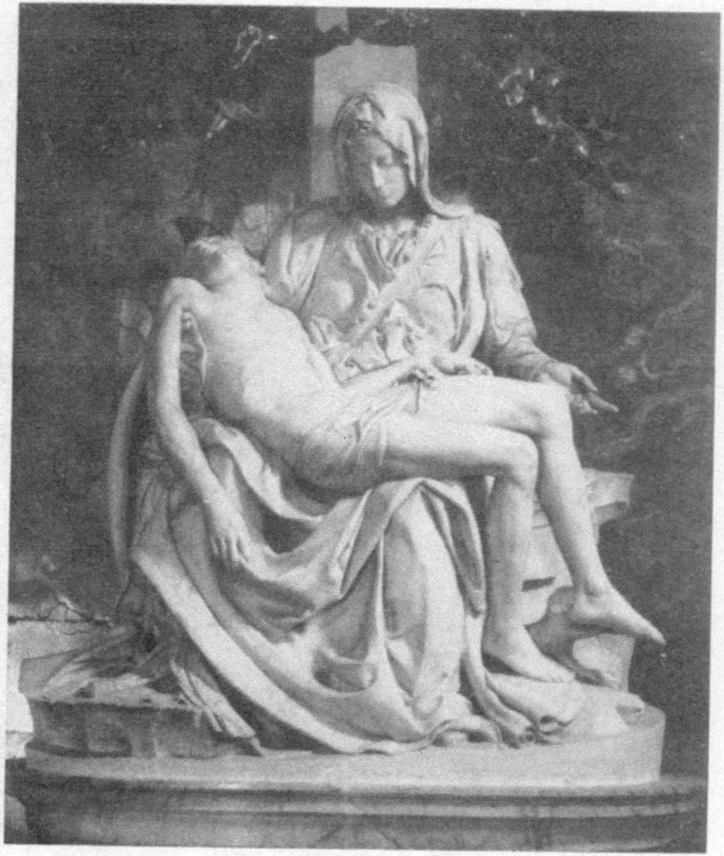

Michelangelo Pietà (St. Peter) um 1497–1500 (Abb. 147)

Michelangelo Pietà (Pal. Rondanini) um 1650 (Abb. 148)

Abb. 149

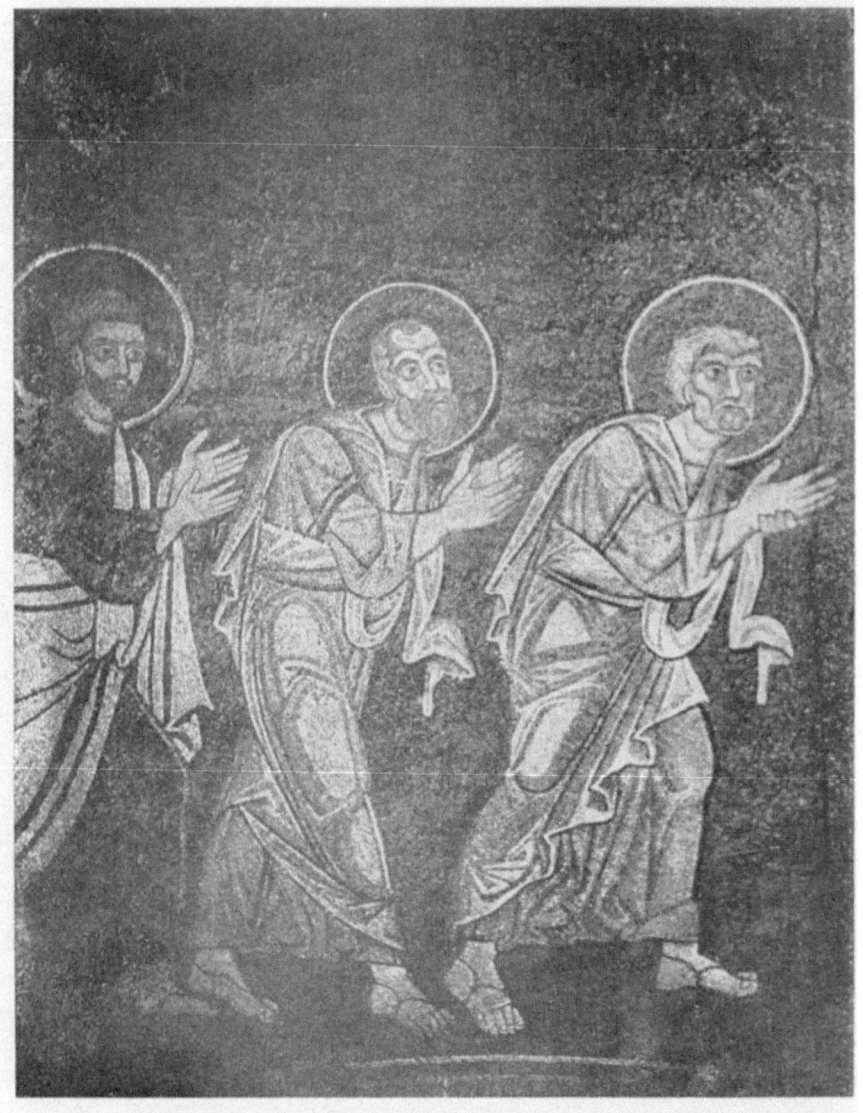

Drei Apostel, Detail aus einem Mosaik in der Sophienkirche in Kiew (Abb. 149)

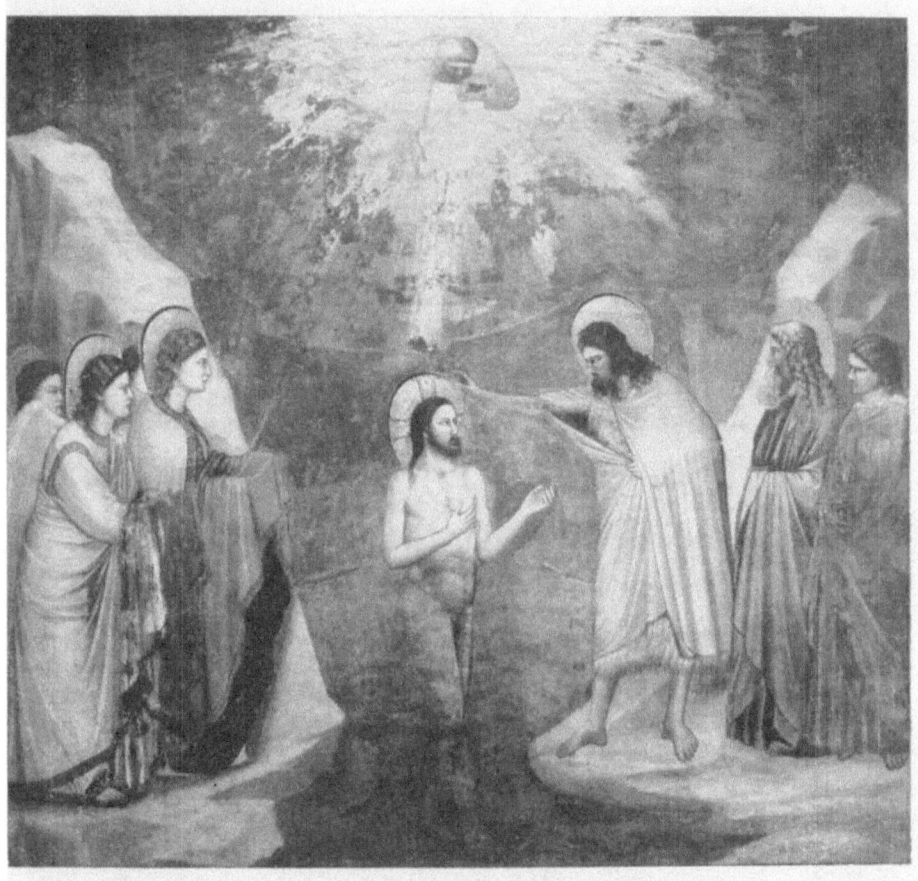

Giotto Taufe Christi (Abb. 150)

Abb. 151

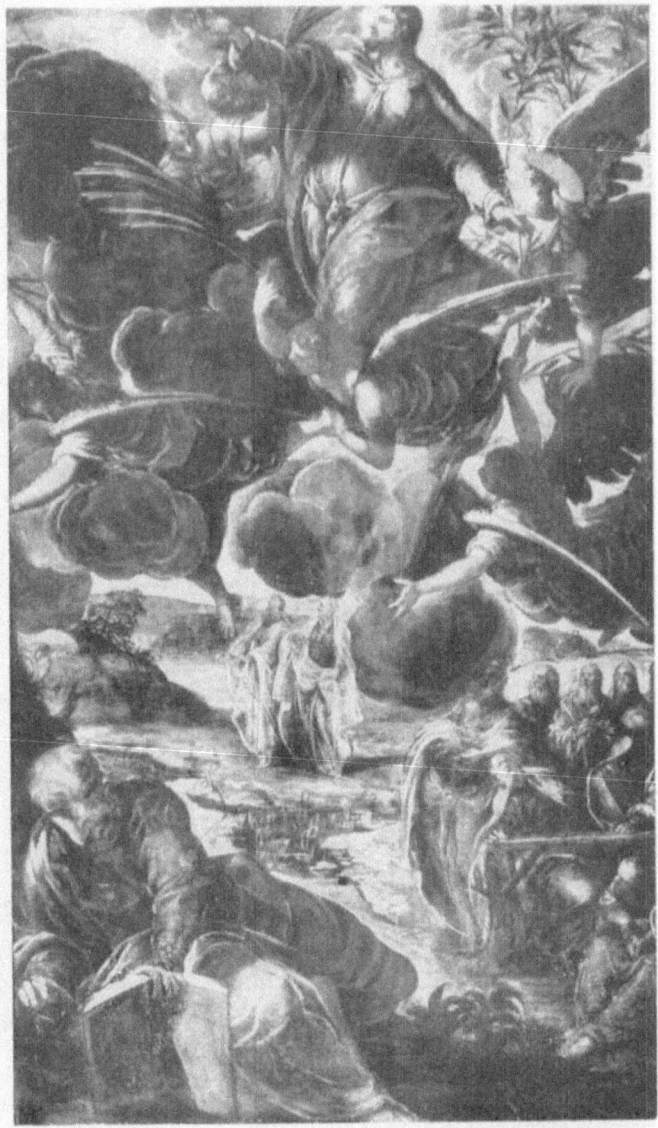

Tintoretto — Himmelfahrt (Abb. 151)

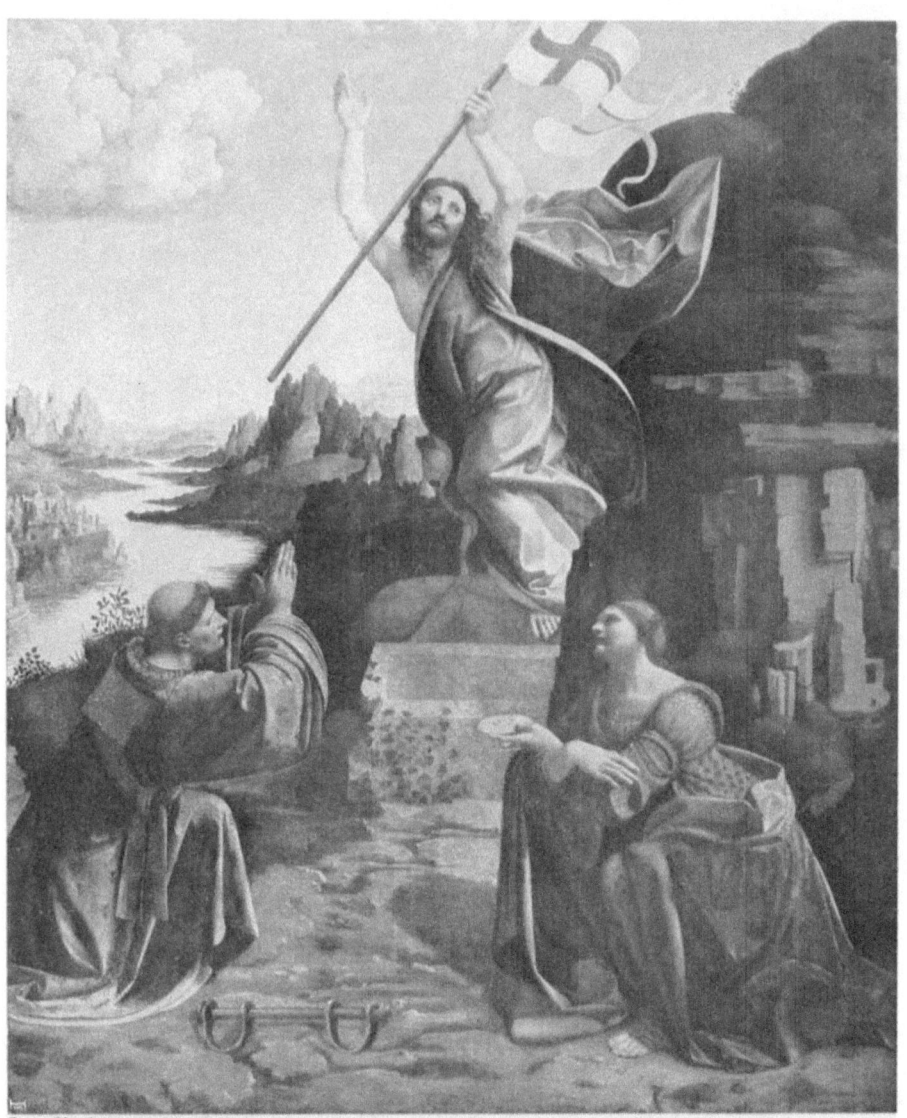

Franz Hanfstaengl, München phot.

Lionardo da Vinci?   Der auferstandene Christus von Heiligen verehrt (Abb. 152)

Abb. 153

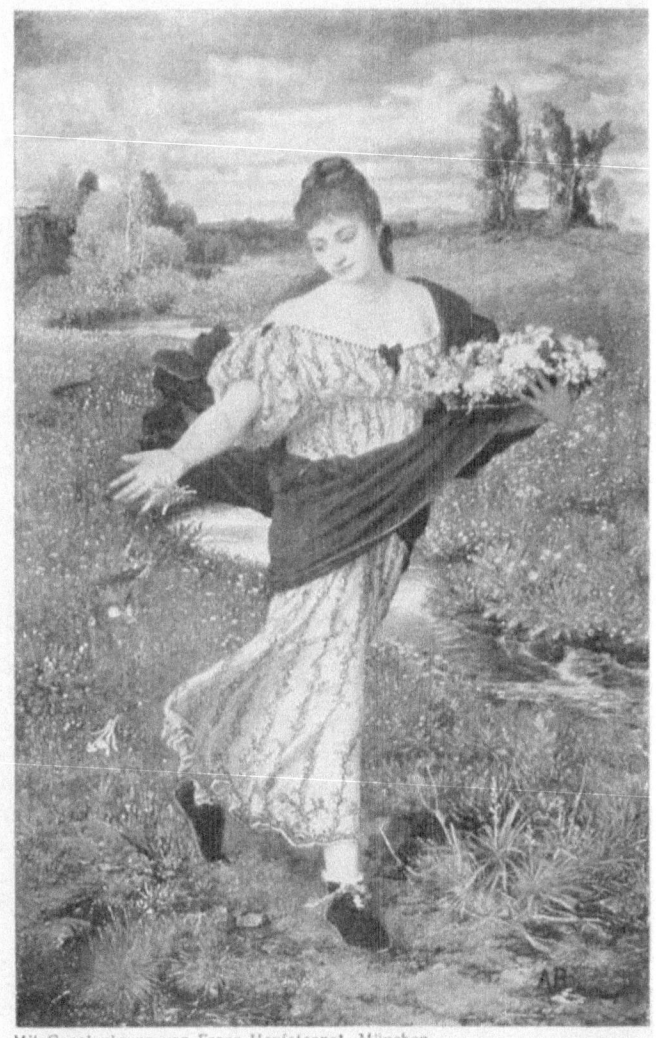

Mit Genehmigung von Franz Hanfstaengl, München

Arnold Böcklin Flora (Abb. 153)

Abb. 154

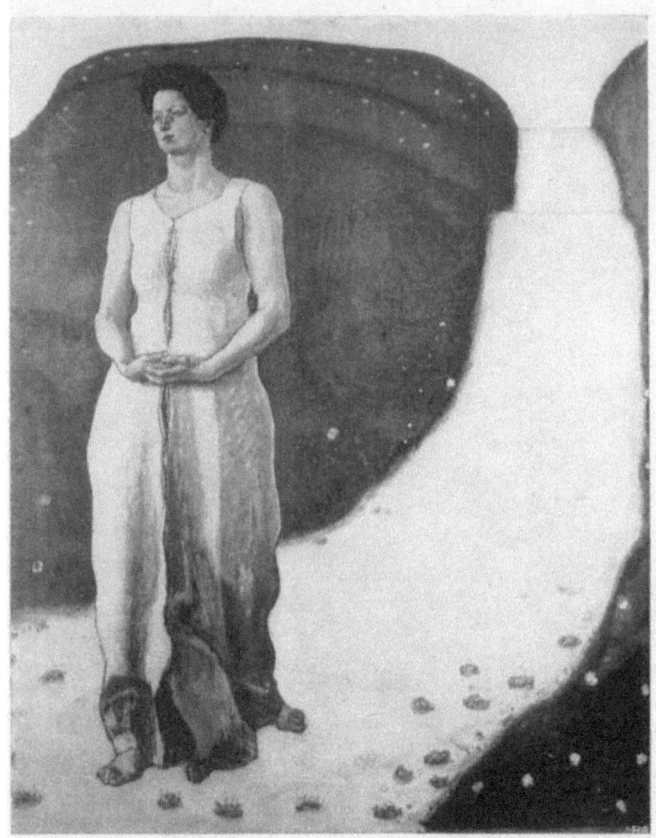

Mit Genehmigung des Verlages R. Piper & Co., München

Ferdinand Hodler　　　　　　　　　　Abend (Abb. 154)

Abb. 155

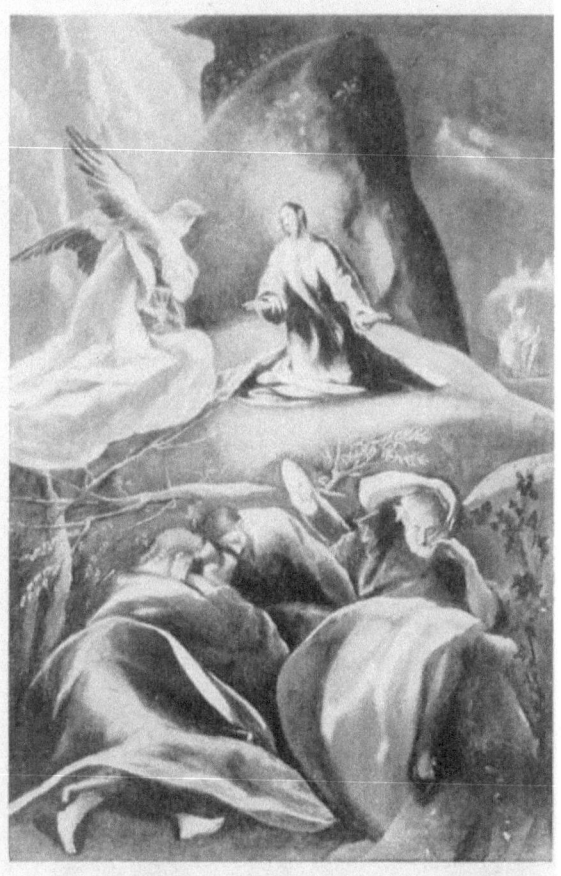

El Greco   Christus am Ölberg (Abb. 155)

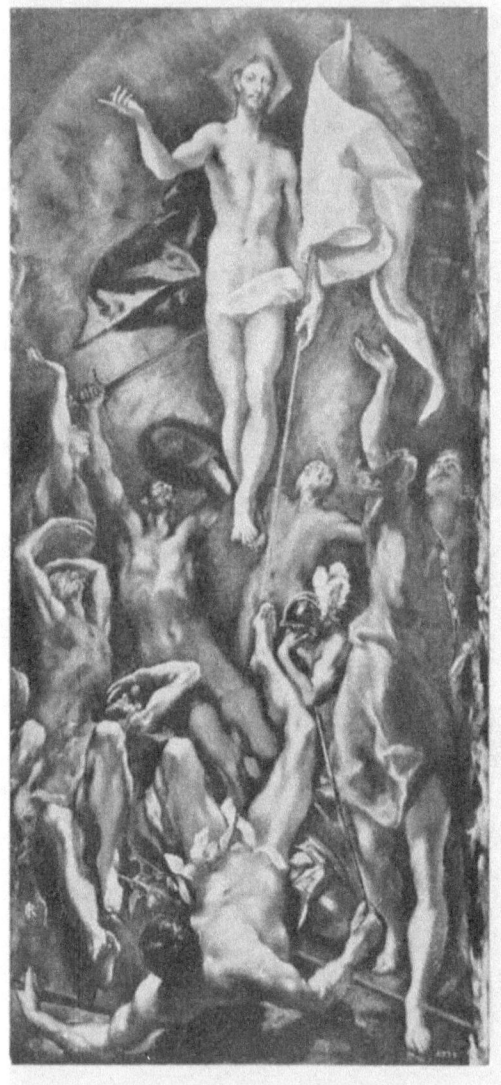

El Greco   Die Auferstehung Christi (Abb. 156)

Abb. 157/158

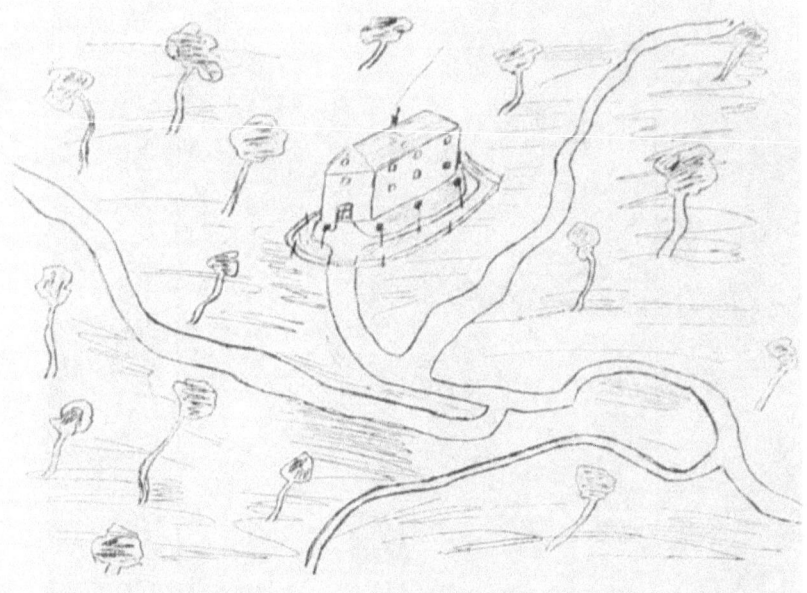

Kinderzeichnung (Abb. 157)

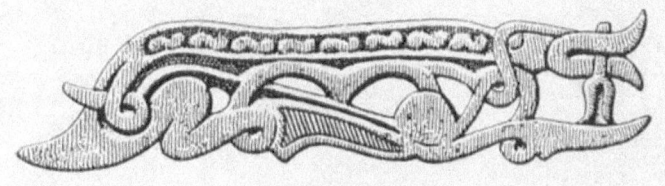

Altgermanisches Ornament (Abb. 158)

Abb. 159

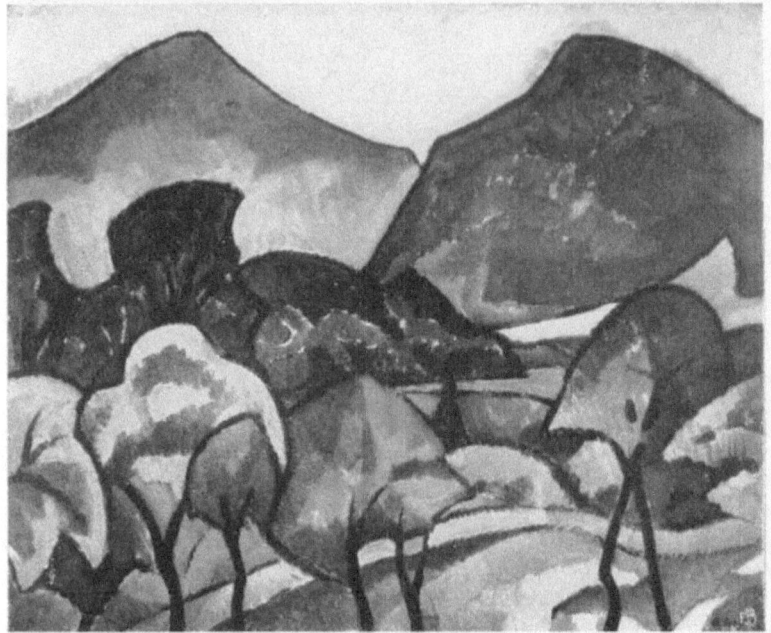

Adolf Erbslöh   Landschaft (Abb. 159)

Abb. 160/161

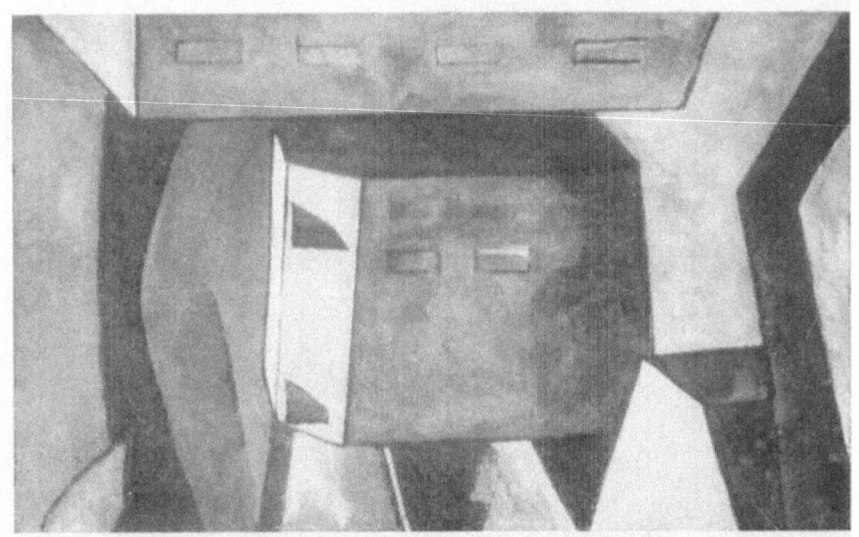

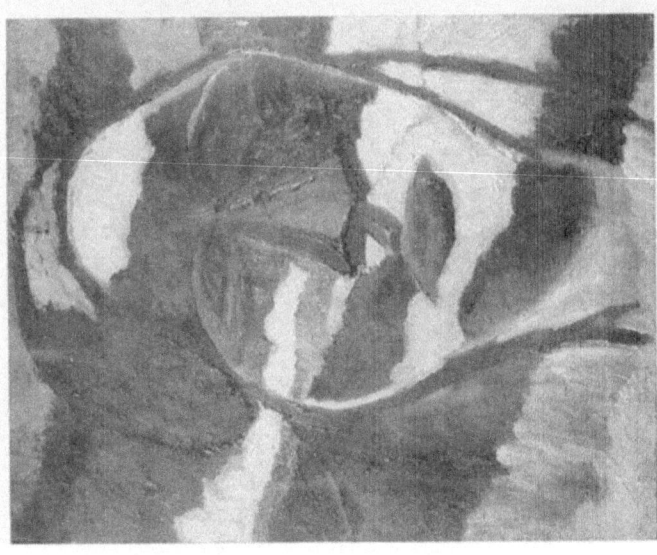

Abb. 162/163

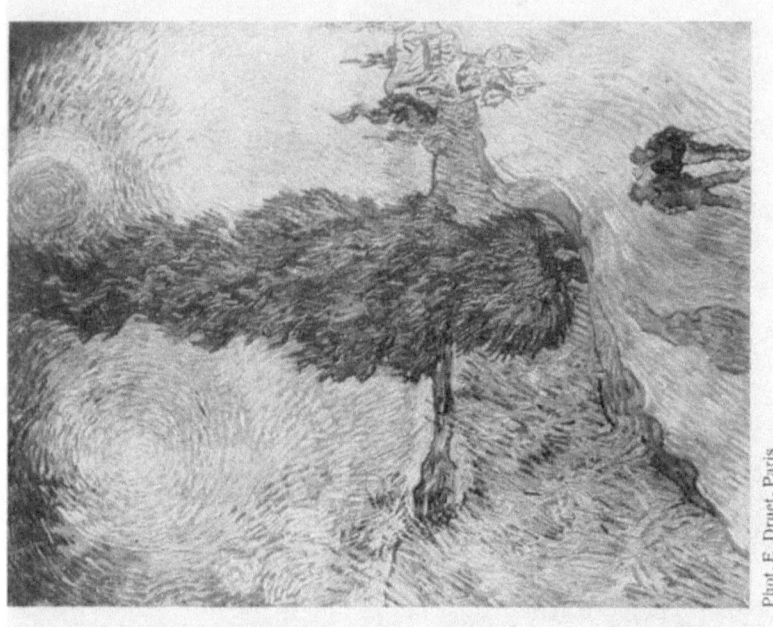

Vincent Van Gogh — Straße bei Arles (Abb. 163)

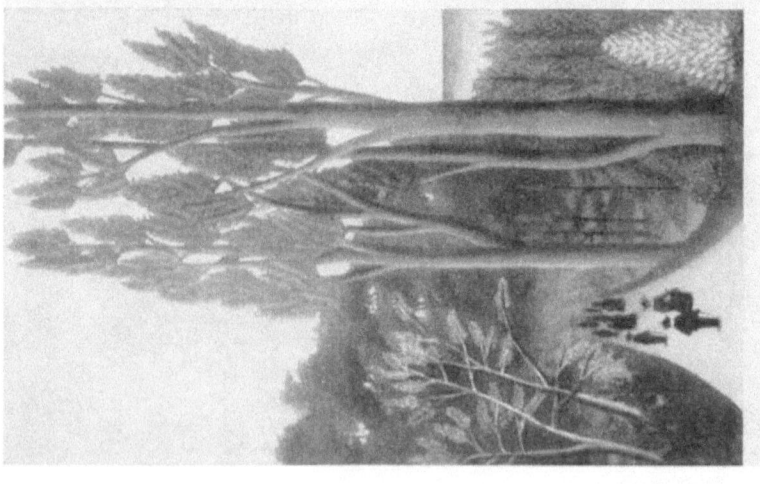

Henri Rousseau — Die Anlagen (Abb. 162)

Abb. 164

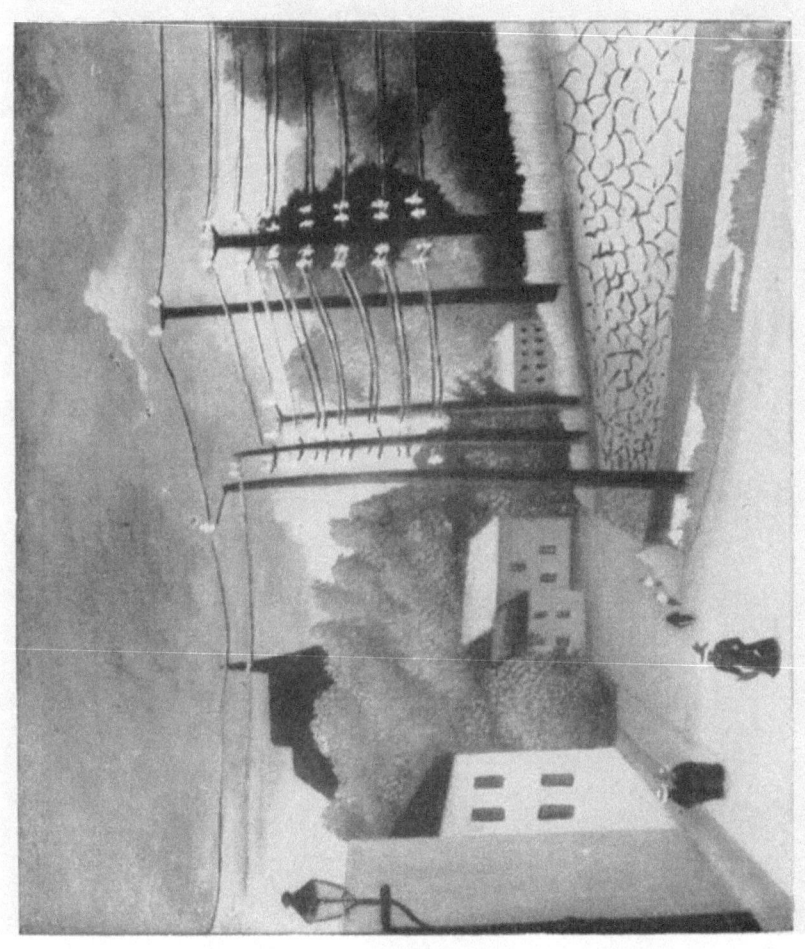

Henri Rousseau, Malakoff (Abb. 164)

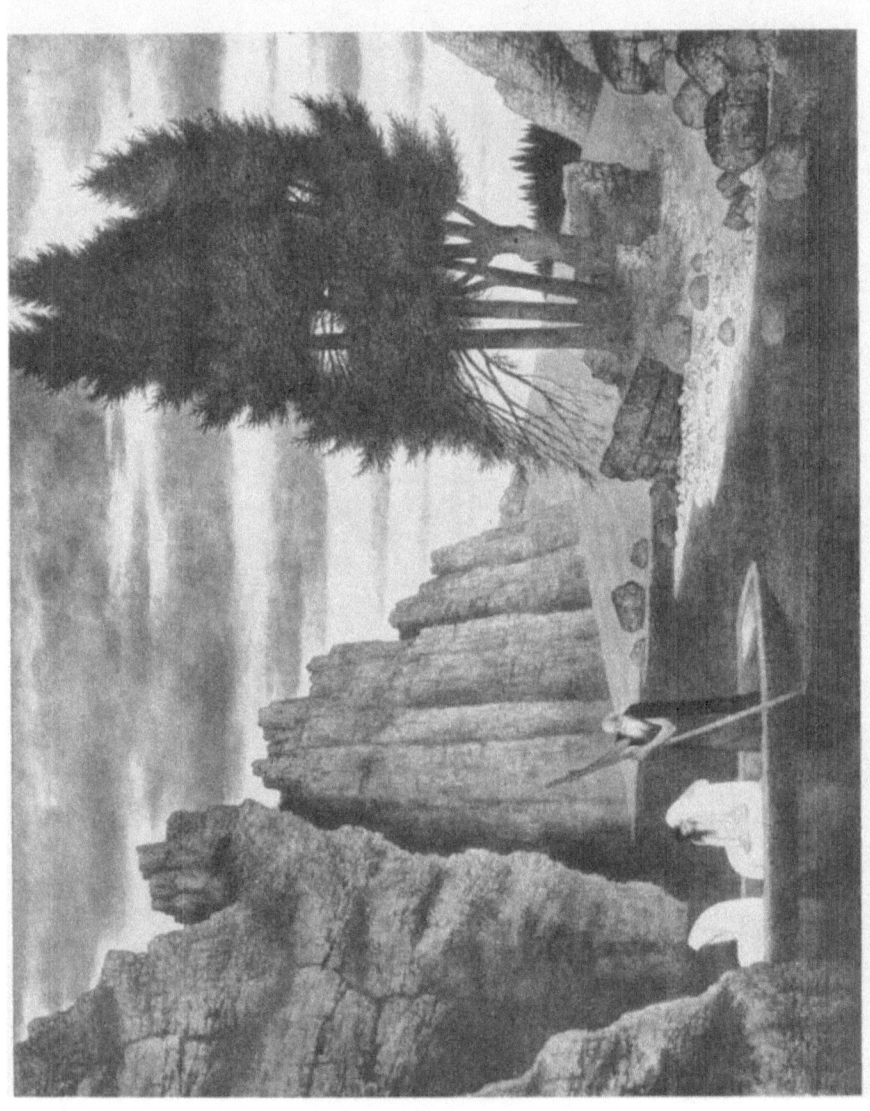

Karl Haider — Charon (Abb. 165)

Abb. 166

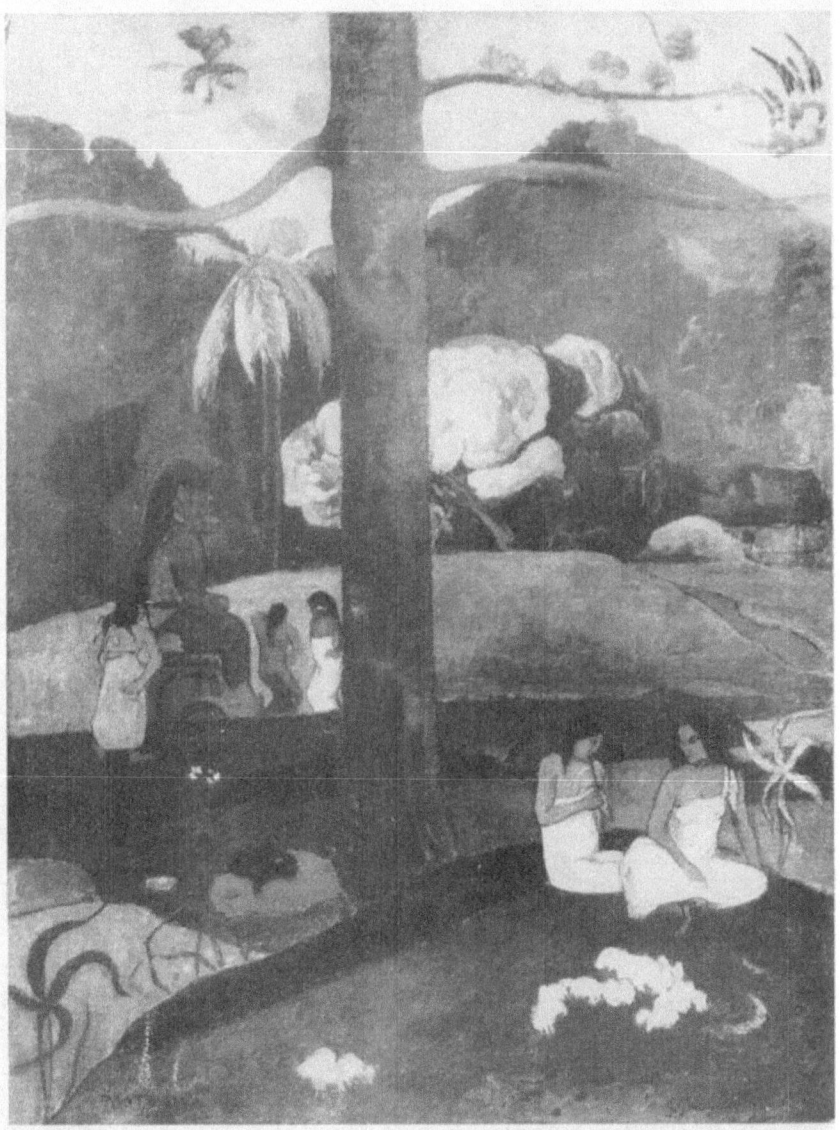

Phot. E. Druet, Paris

Paul Gauguin　　　　　　　　　　　　　　Die Flötenspielerin (Abb. 166)

Abb. 167/168

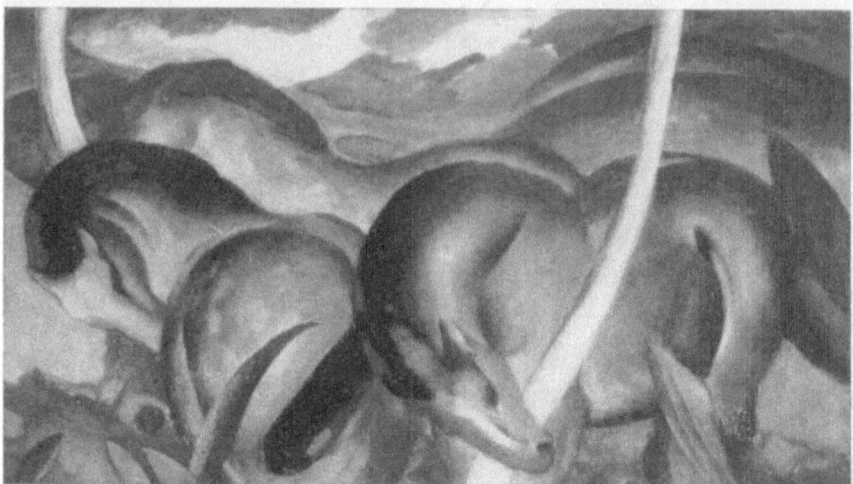

Franz Marc   Die blauen Pferde (Abb. 167)

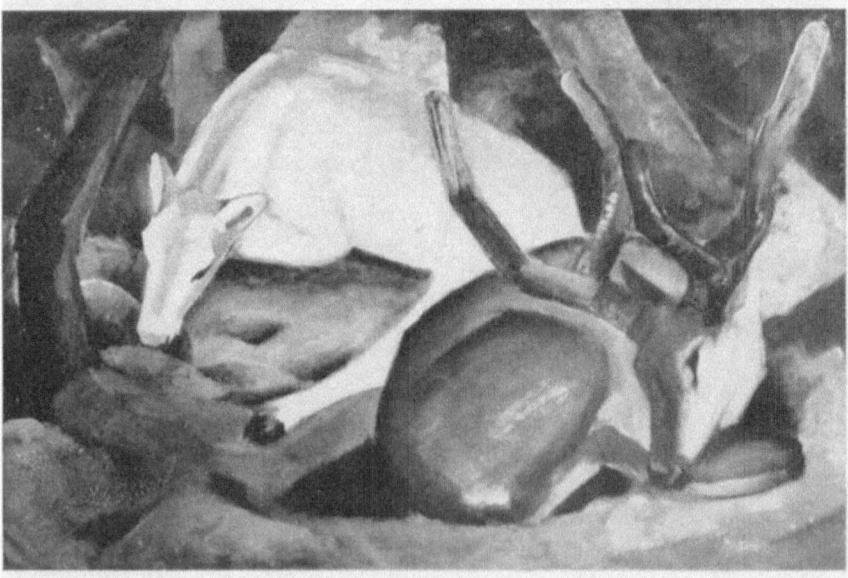

Franz Marc   Hirsche im Wald (Abb. 168)

Abb. 169

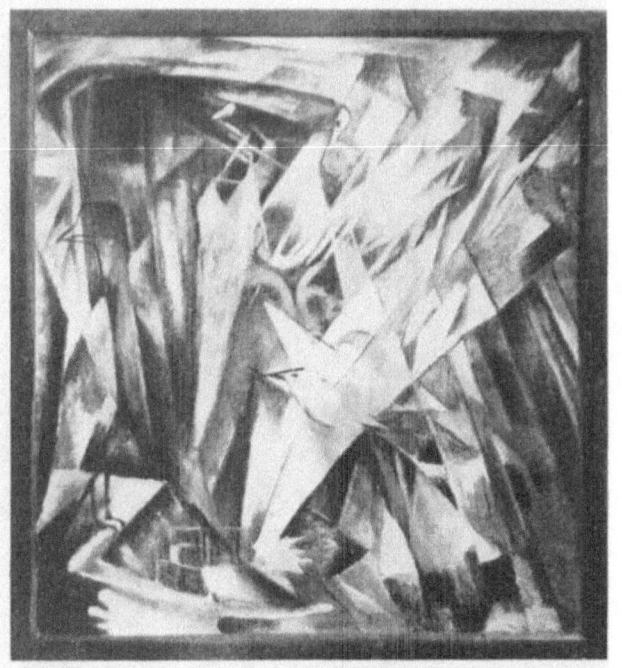

Franz Marc   Vögel (Abb. 169)

Abb. 170

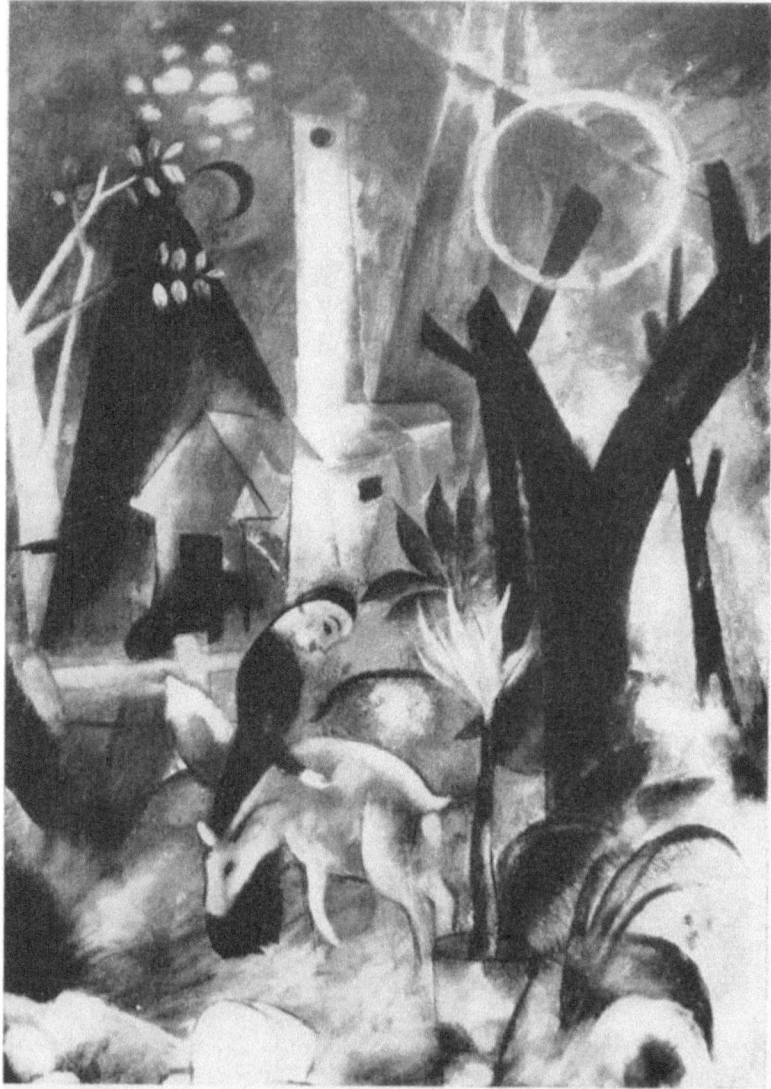

Mit Erlaubnis der Kunstausstellung Der Sturm

Heinrich Campendonk Die Witwe (Abb. 170)

Abb. 171

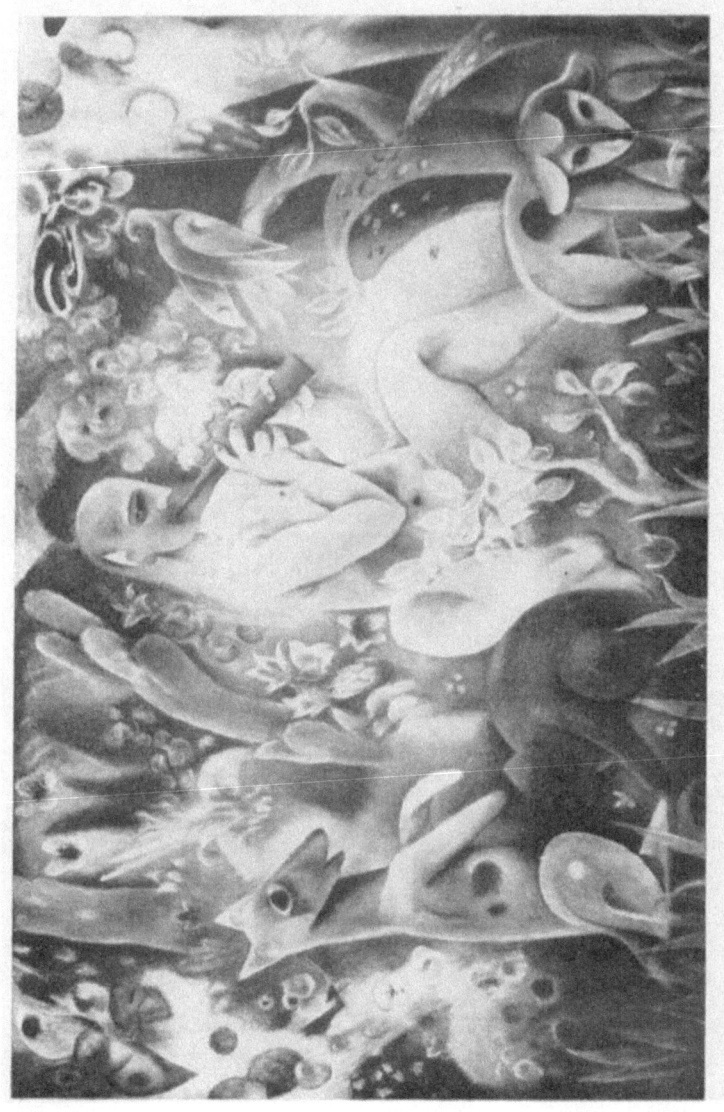

Albert-Bloch, Legende (Abb. 171)

Mit Genehmigung der Galerie Hans Goltz, München

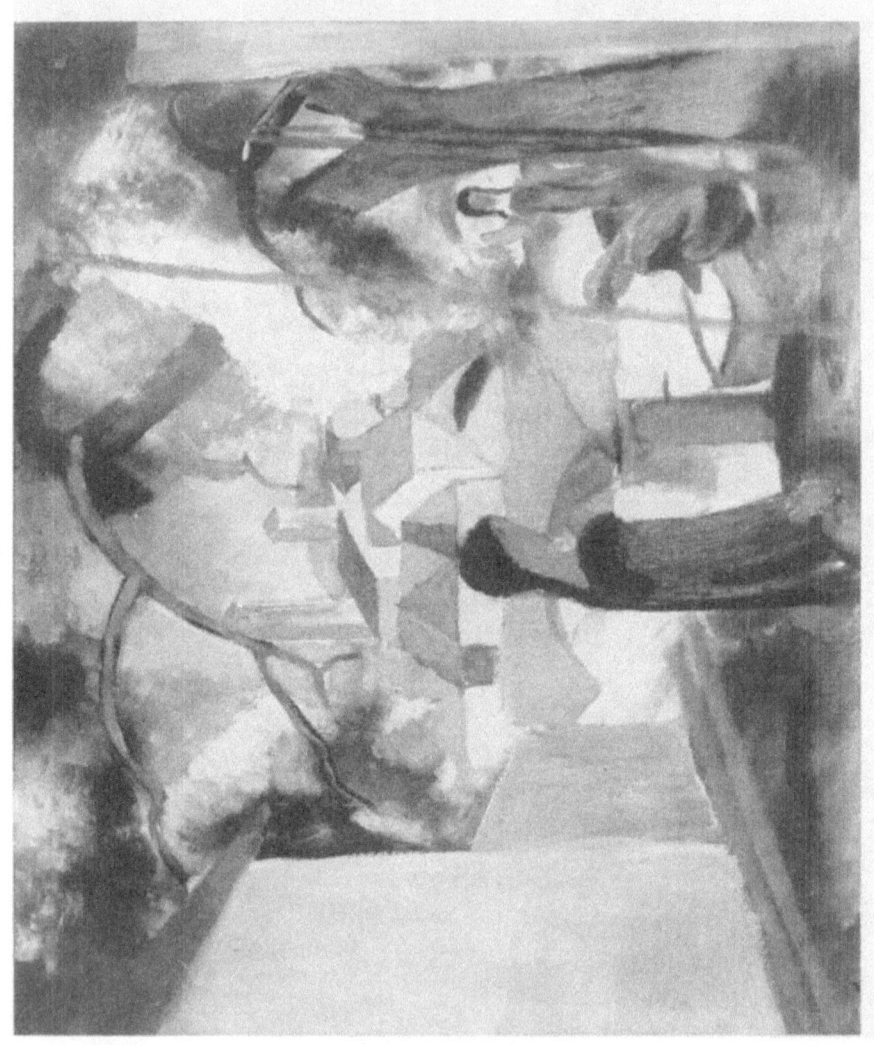

Abb. 172

August Macke — Mädchen am Brunnen, 1914 (Abb. 172)

Abb. 173/174

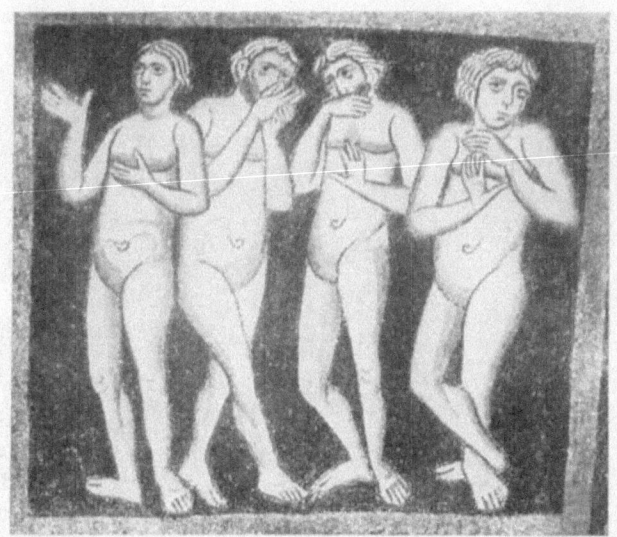

Frühchristliches Mosaik in der Kathedrale von Torcello bei Venedig (Abb. 173)

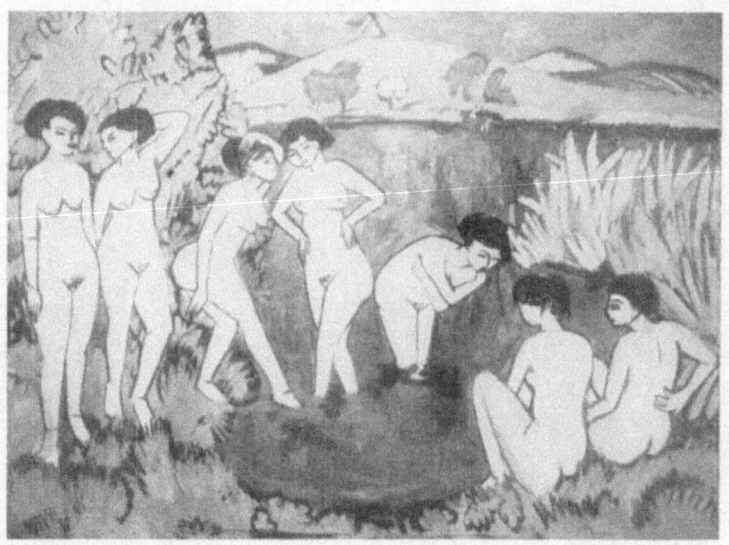

E. L. Kirchner   Badende (Abb. 174)

Abb. 175/176

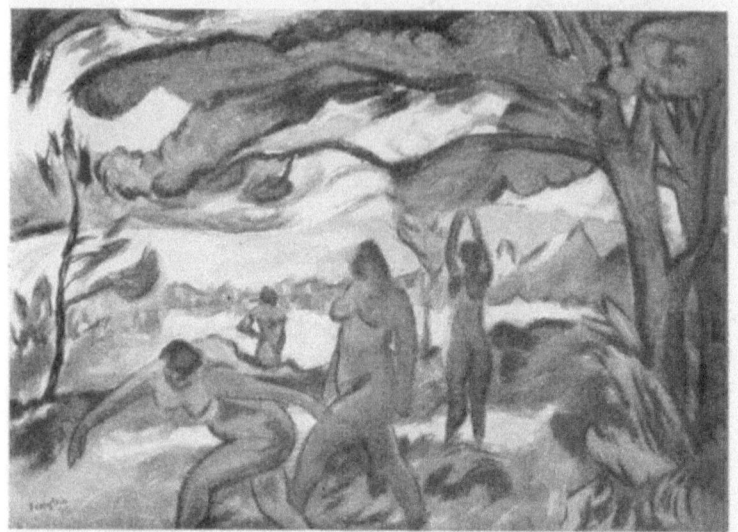

Mit Genehmigung von Fritz Gurlitt, Berlin

Max Pechstein　　　　　　　　　　　　Akte im Freien (Abb. 175)

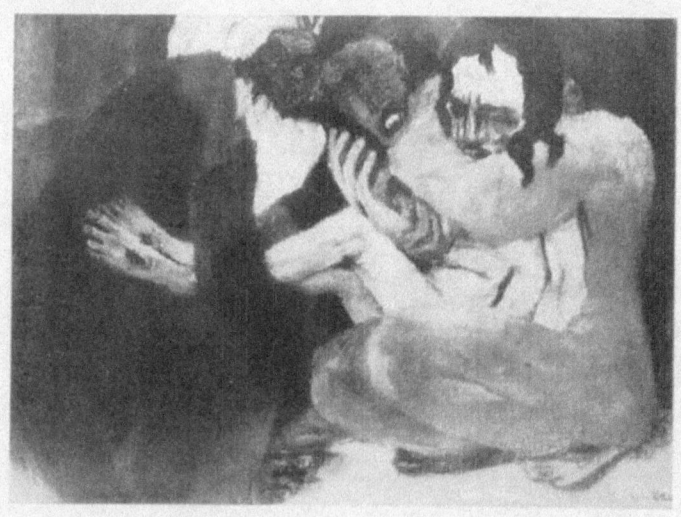

Emil Nolde　　　　　　　　　　　　Die Grablegung (Abb. 176)

Abb. 177

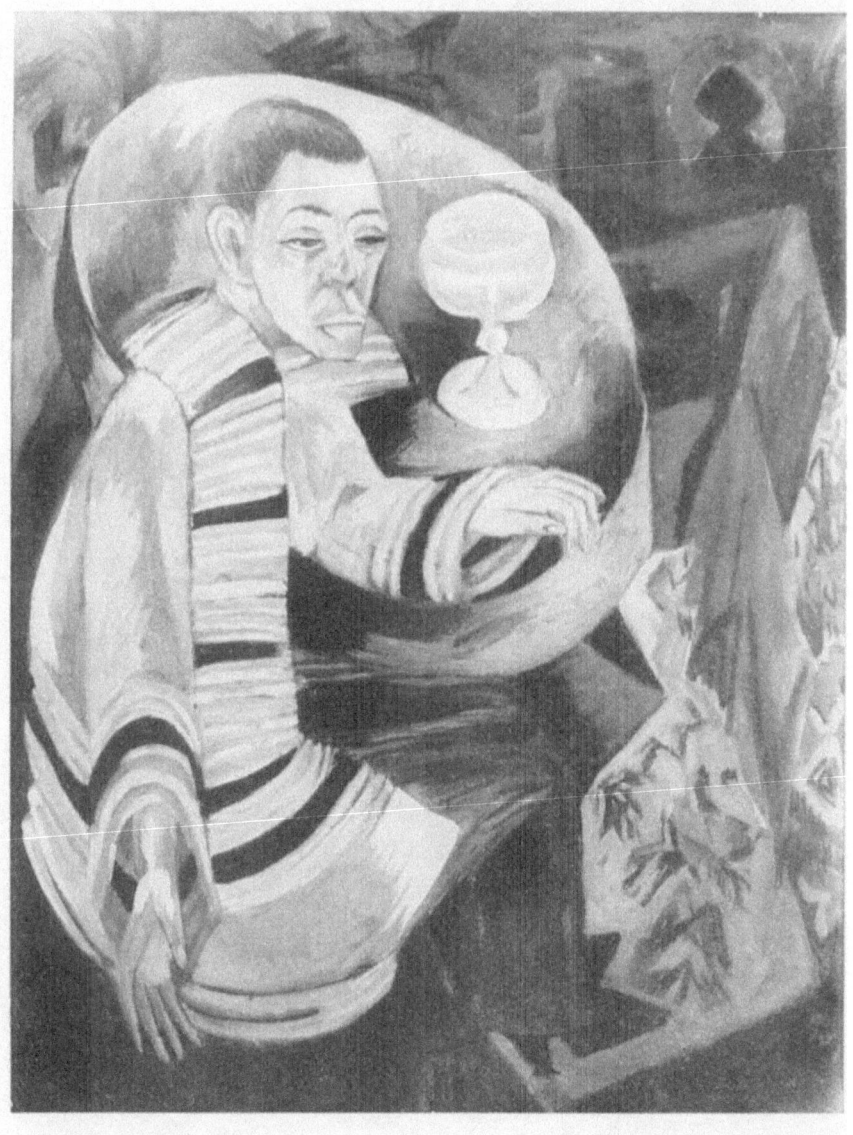

E. L. Kirchner · Der Trinker (Abb. 177)

Abb. 178

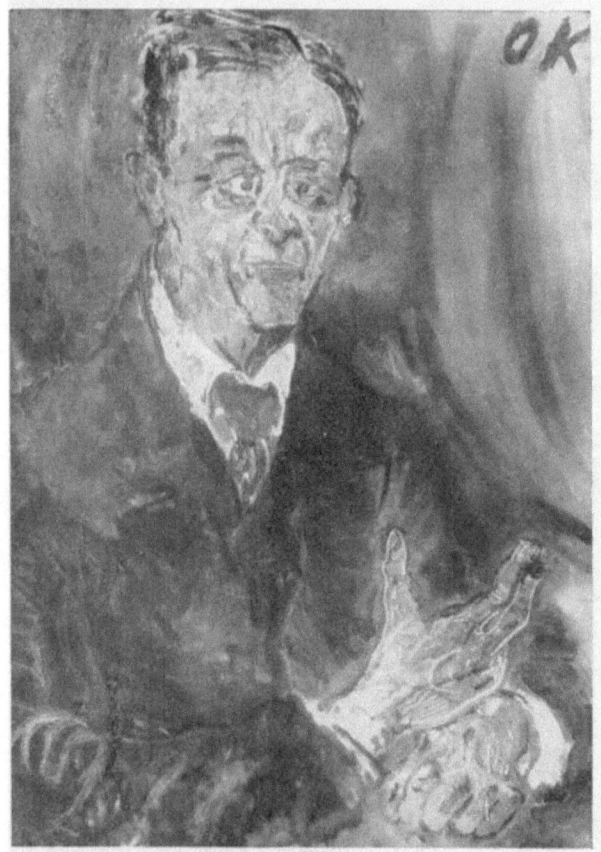

Sammlung Walden, Berlin. Mit Erlaubnis der Kunstausstellung Der Sturm

Oskar Kokoschka   Bildnis Rudolf Blümner (Abb. 178)

Abb. 179

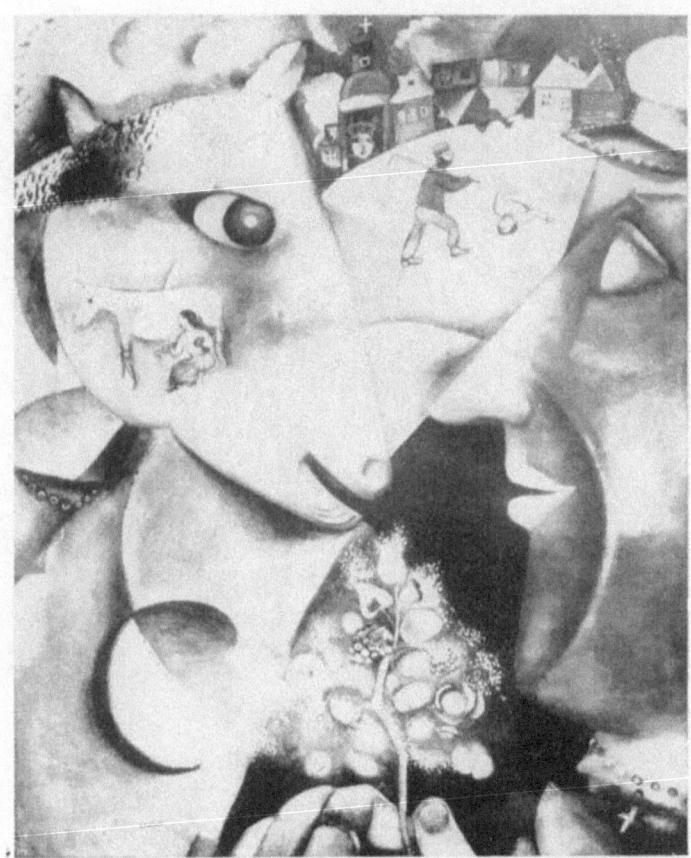

Sammlung Walden, Berlin. Mit Erlaubnis der Kunstausstellung Der Sturm

Marc Chagall   Ich und das Dorf (Abb. 179)

Abb. 180

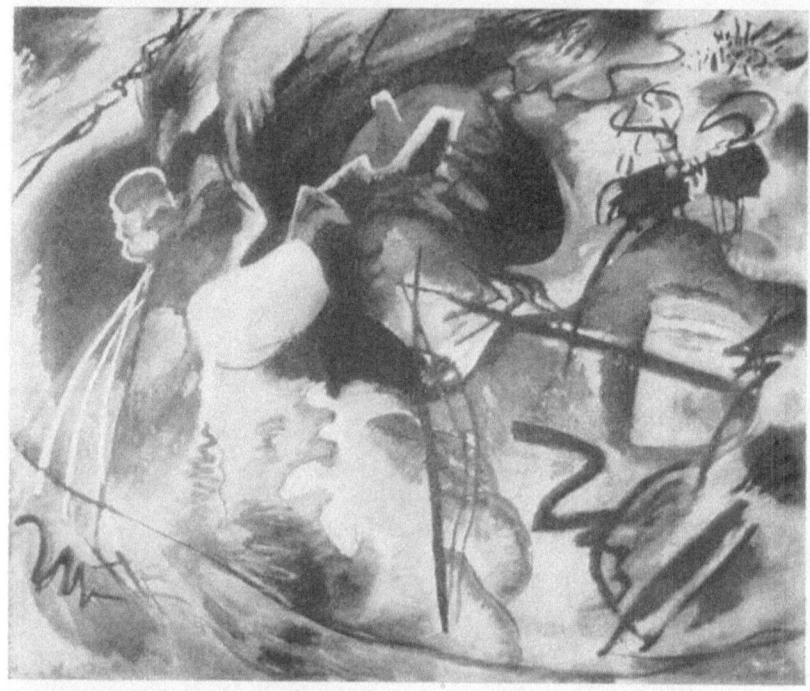

Sammlung Walden, Berlin. Mit Erlaubnis der Kunstausstellung Der Sturm

Wassily Kandinsky   Bild mit weißer Form, 1913 (Abb. 180)

Abb. 181

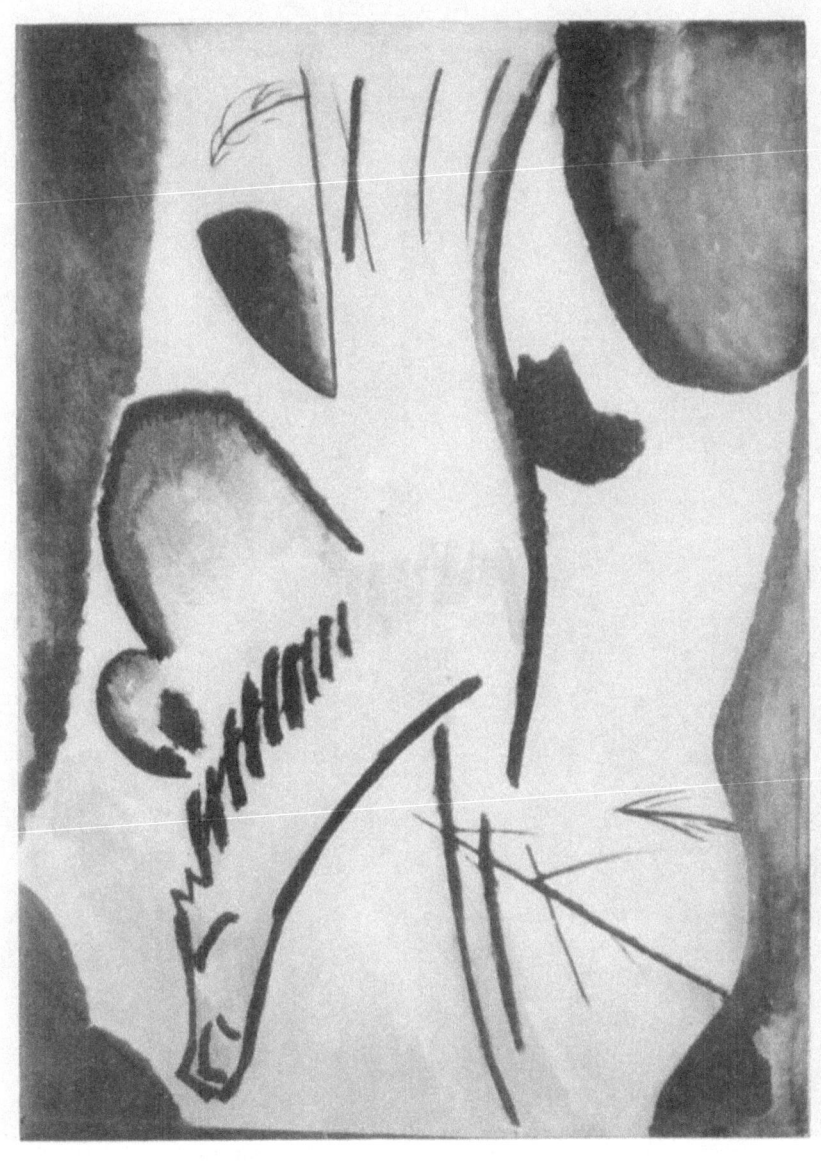

Wassily Kandinsky — Reiter (Abb. 181)

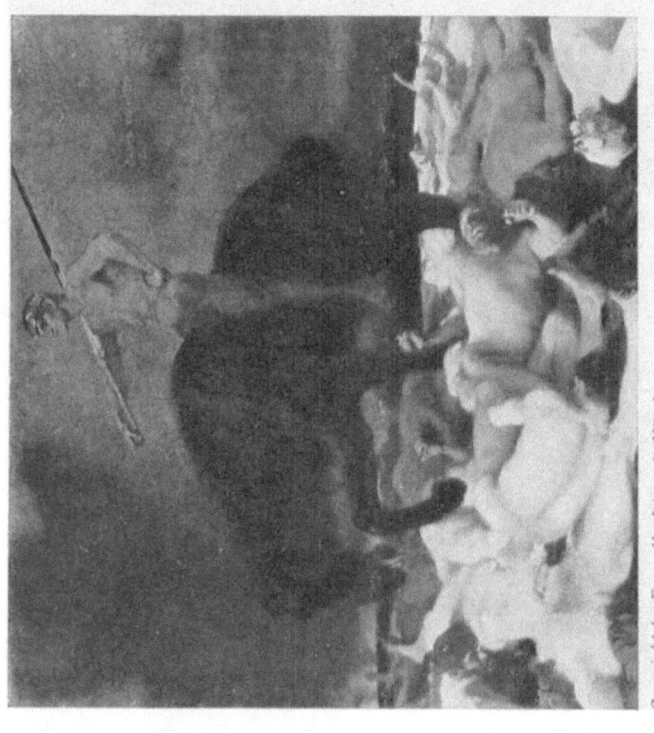

Franz von Stuck — Der Krieg (Abb. 182)

Abb. 183

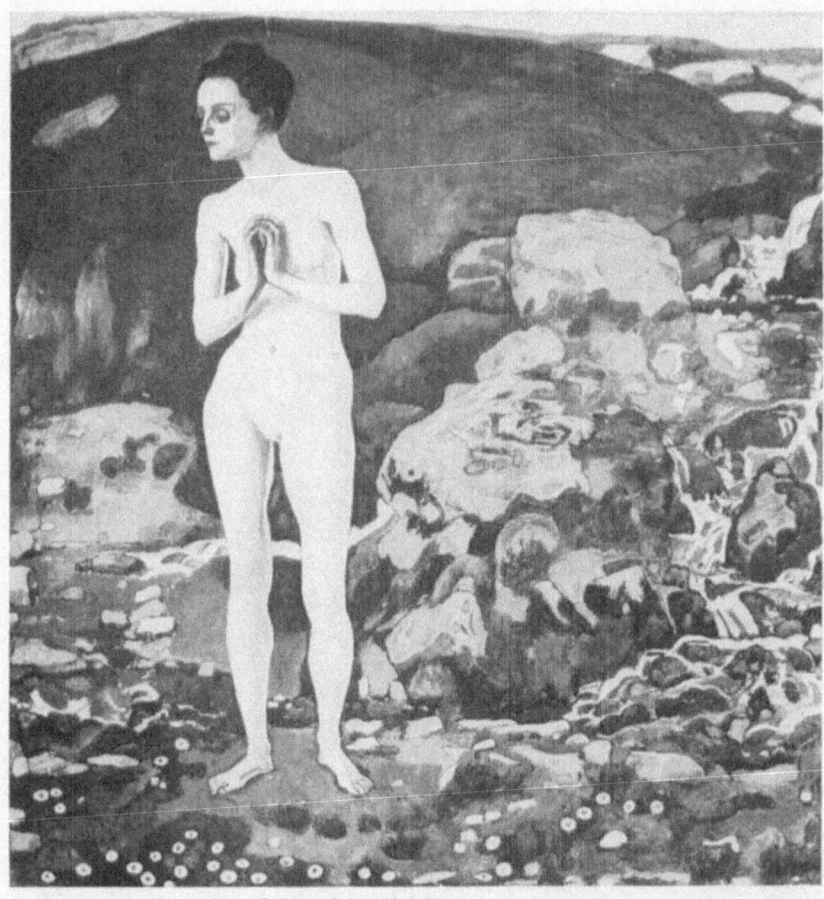

Mit Genehmigung des Verlages R. Piper & Co., München

Ferdinand Hodler　　　　　　　　　　Weib in Bewunderung (Abb. 183)

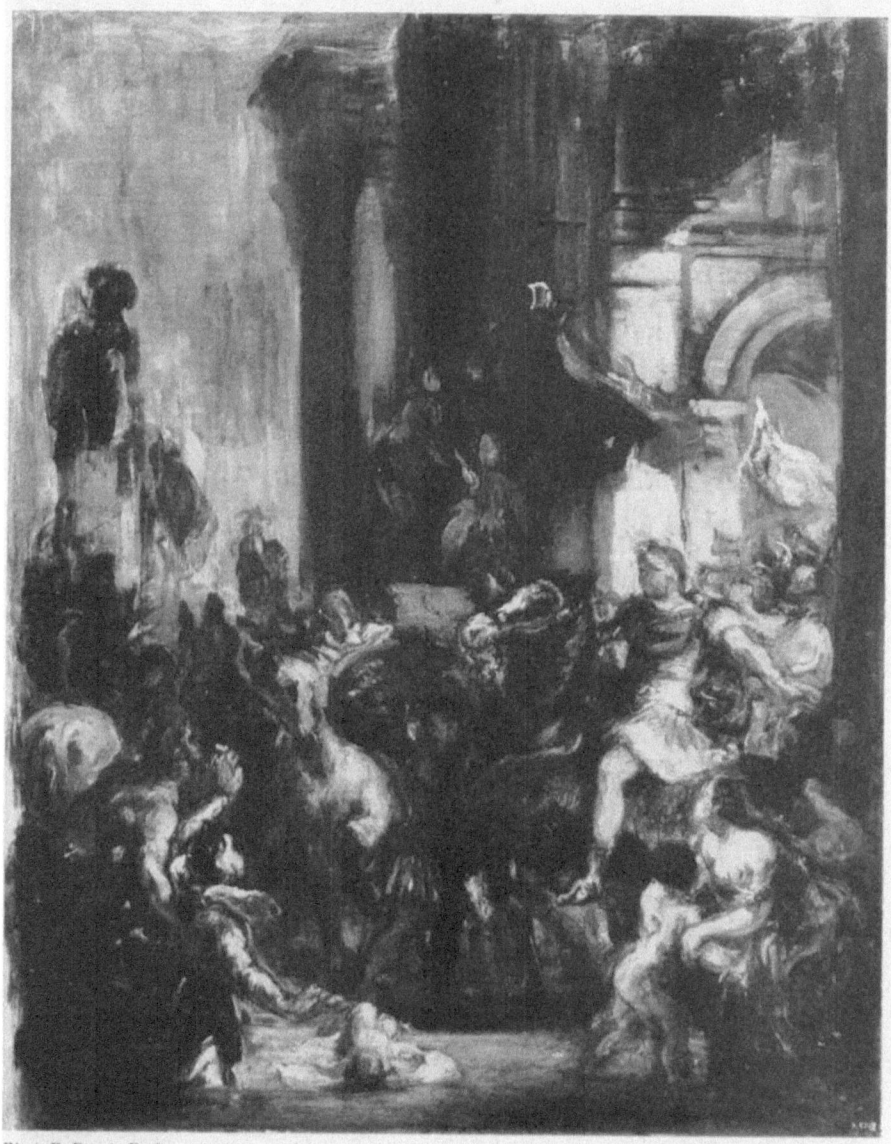

Abb. 184

Phot. E. Druet, Paris
Eugène Delacroix
Urteil des Trajan (Abb. 184)

Abb. 185

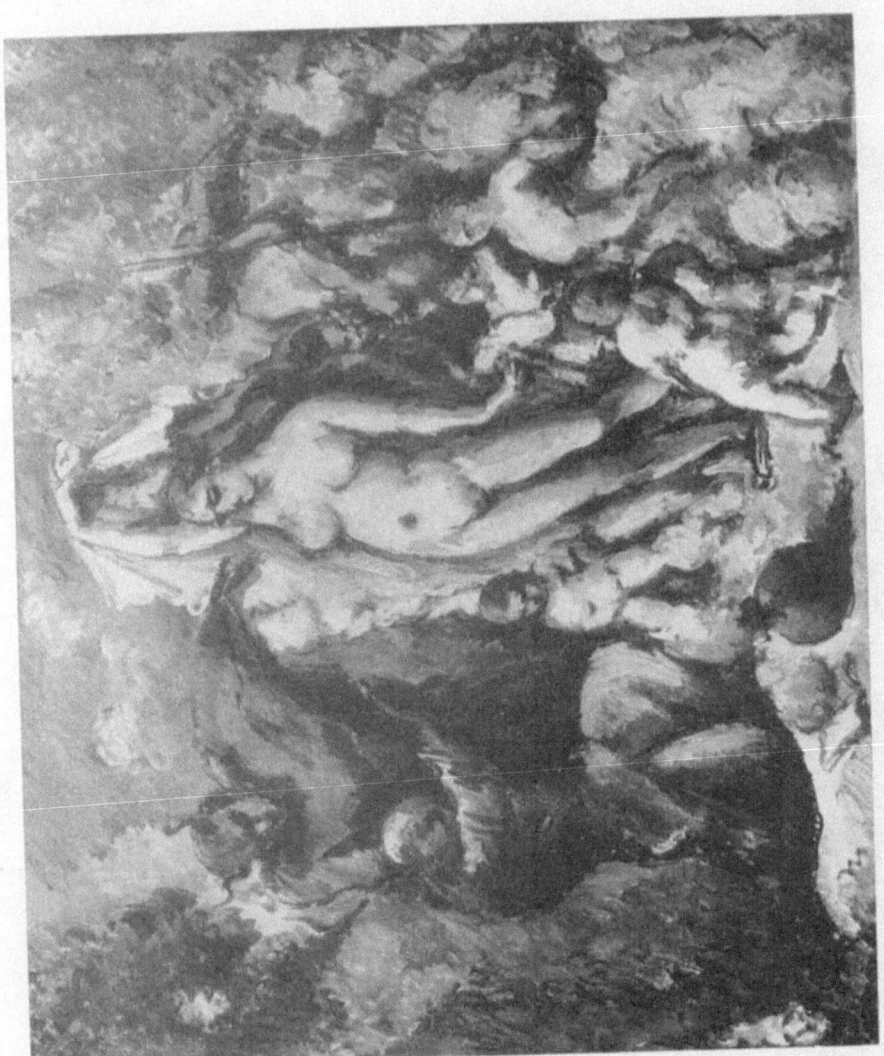

Phot. E. Druet, Paris

Paul Cézanne — Versuchung des heiligen Antonius (Abb. 185)

Abb. 186

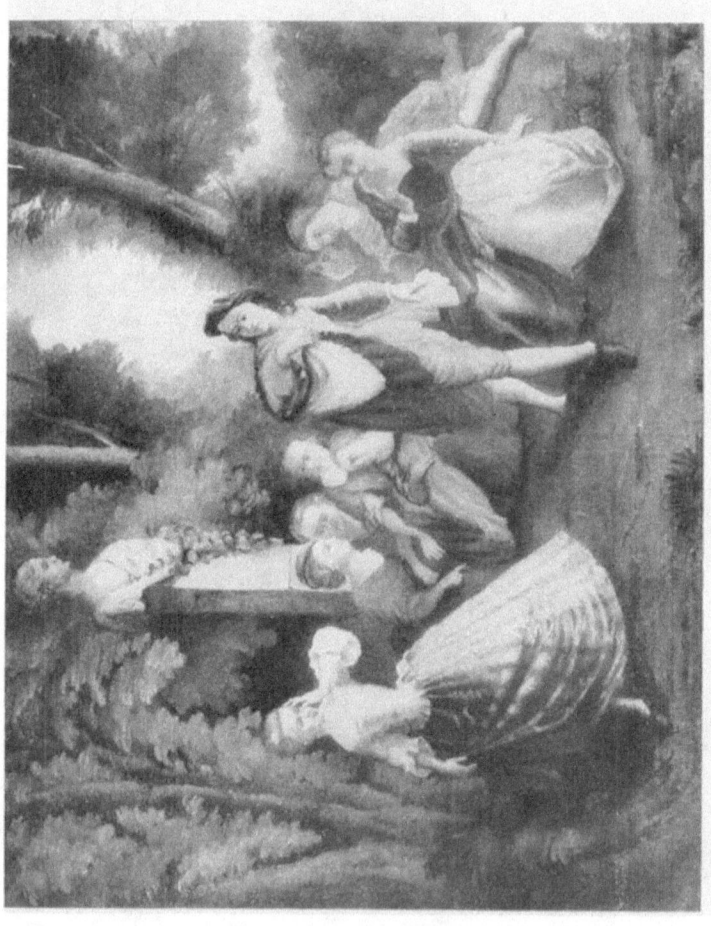

Phot. E. Druet, Paris

Paul Cézanne Kopie nach Lancret (Abb. 186)

Abb. 187

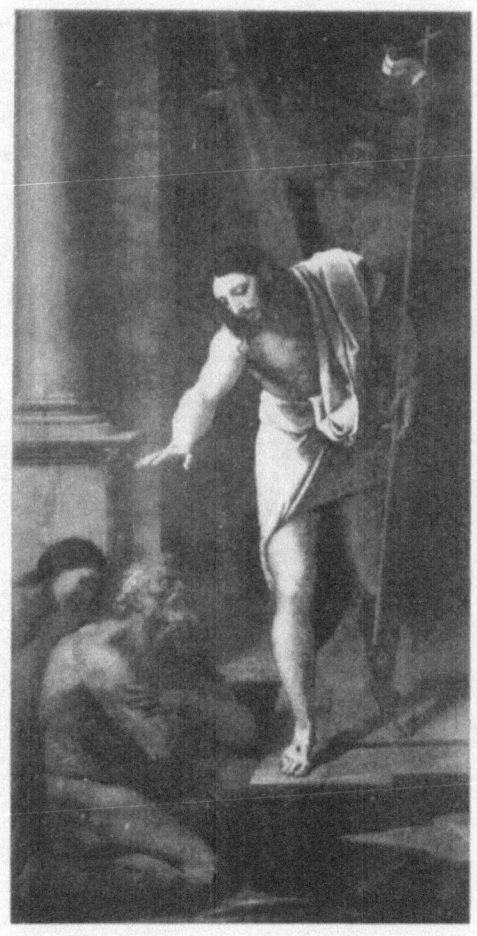

Sebastiano del Piombo — Christus in der Vorhölle (Abb. 187)

Abb. 188

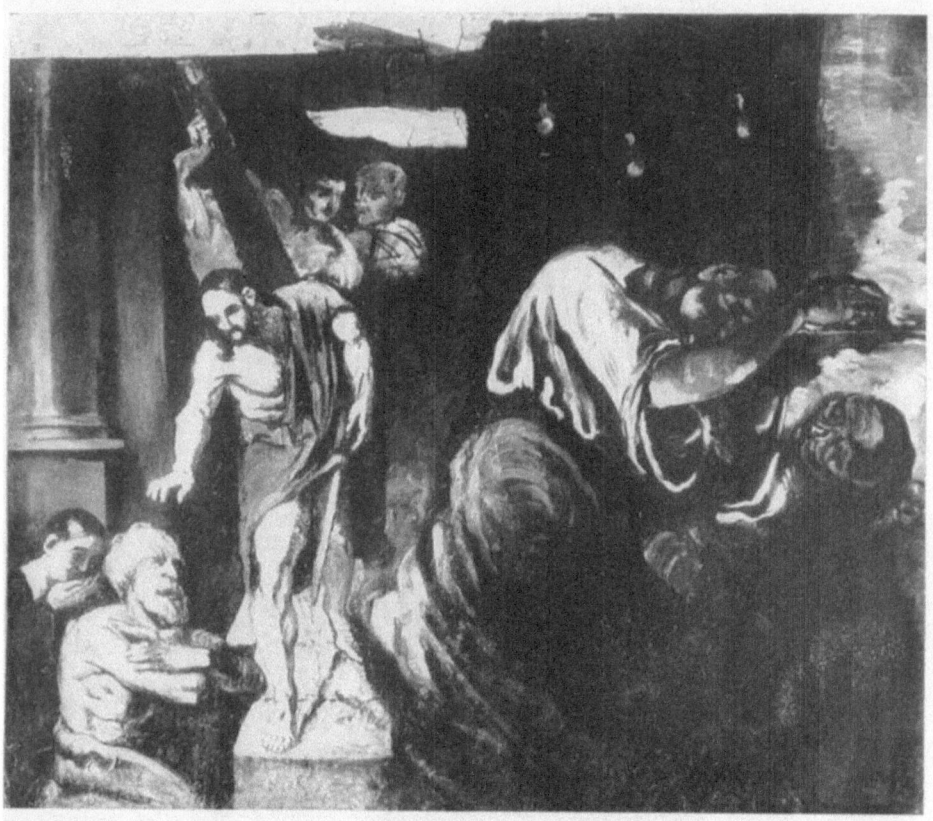

Phot. E. Druet, Paris

Paul Cézanne Christus und Magdalena (Abb. 188)

Abb. 189/190

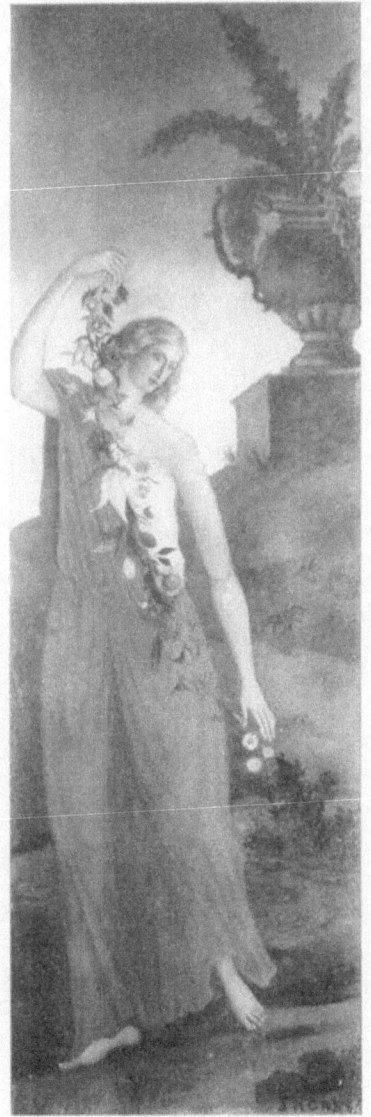

Phot. E. Druet, Paris
Paul Cézanne   Frühling (Abb. 189)

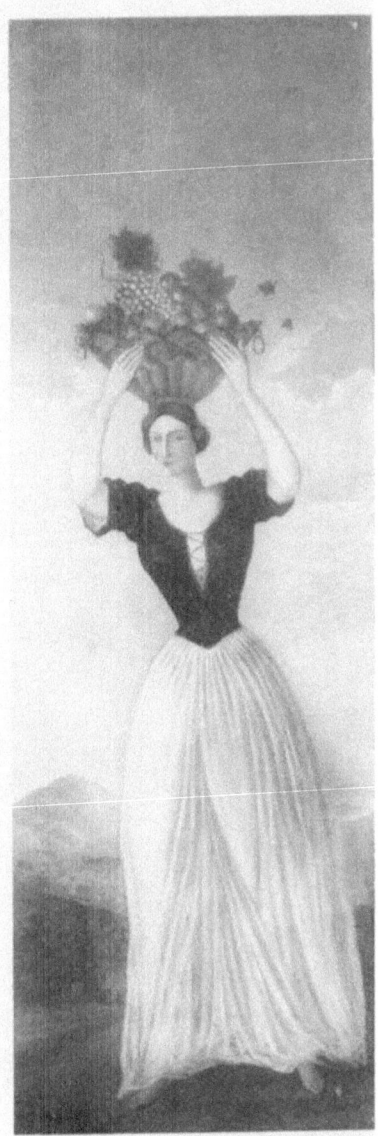

Phot. E. Druet, Paris
Paul Cézanne   Herbst (Abb. 190)

www.ingramcontent.com/pod-product-compliance
Lightning Source LLC
Chambersburg PA
CBHW031626210526
45464CB00004B/1774